ORM VRBS ACADEMIA PR
Agrippæ primâ
Altera virtuti
Prostituere Fidem
Fortiter aversis
Sollicitare Proci; L
Eludam quosu
Ad Cartusianos
S. Catharina
S. Ian
Lyeßkerche
S. Panthaleon
Ad Carmelitas
S. Georgius
S. Iacob
Weier Pfort
S. Mauritius
Capitolum
Ad Augustinianos
S. Petri
Oberländische
und
Collnische
Schiff
DEUTZ
ODER
Die Buntwercker
Das Himelreich
Die Mahler
Die von Aaren
Die Steinmetzer
Die Schmide

Es ist Cölln auch eine Hansee-Stadt / und zwar das Haupt deren / so in den Niderlanden und Westphalen ligen. Ist in den Hanseatischen Bund umbs Jahr Christi 1201. kommen.

Hermann Maria Wollschläger

Hansestadt Köln

Die Geschichte einer europäischen Handelsmetropole

Wienand Verlag Köln

Herausgegeben
anläßlich des 8. Hansetages der Neuzeit
vom 16. bis 18. September 1988 in Köln

Titelbild
Renaissancelaube des Kölner Rathauses,
fotografiert von Rainer Gaertner DGPh
Vorsatzpapier
Große Ansicht von Köln,
Kupferstich von Wenzel Hollar, 1656
Frontispiz
Kölner Stadtwappen an der Fassade des ehemaligen
Herrenhauses Dreesenhof in Köln-Weiler

CIP-Titelaufnahme der Deutschen Bibliothek
Wollschläger, Hermann Maria:
Hansestadt Köln : D. Gesch. e. europ. Handelsmetropole /
Hermann M. Wollschläger. – Köln : Wienand, 1988
ISBN 3-87909-198-6

Gestaltung Hasso v. Olberg
Gesamtherstellung
Druck- & Verlagshaus Wienand

ISBN 3-87909-198-6

Inhalt

Es ist Cölln auch eine Hansee-Stadt / und zwar das Haupt deren / so in den Niderlanden und Westphalen ligen. Ist in den Hanseatischen Bund umbs Jahr Christi 1201. kommen. Es seyn aber die besagte Städte / deren Haupt Cölln ist / nachfolgende: Als / Duisburg / Wesel / Embrick / Warburg / Unna / Hamm / Münster / Minden / Osnabruck / Dortmunt / Söst / Herford / Paderborn / Lemgou / Bilfeld / Lipstatt / Warberg / Cosfeld; Nieumagen / Zutphen / Rurmund / Arnheim / Venloo / Thiela / Bommel / Elburg / Hardewick; Antorff / Mastricht / Bruck / Daventer / Campen / Swoll / Briela / Dordrecht / Enckhusen / Wieringen / Gröningen / Bolswerd / Staveren / Worcum / Hinlopen / Embden / Middelburg und Zircksee / ꝛc. deren Archivum bey der Stadt Cölln ist: Dahin sie auch in wichtigen Sachen die Kauffmanschafft / ꝛc. betreffende / beruffen werden; sonderlich / wann zu Lübeck / als in der Hauptstadt aller Hansee-Städt ein allgemeiner Städttag gehalten werden solle.

Hansestadt Köln

Einleitung
Hermann Maria Wollschläger

„In ganz Europa kann man keine prächtigere, reicher geschmückte Stadt finden als Köln: Sie hat herrliche Kirchen und Häuser, ist zahlreich bevölkert und hat großen Wohlstand. Es ist Köln, auch eine Hansestadt, und zwar das Haupt derer, die in Niederland und Westfalen liegen ..." (aus Hartmann Schedels Weltchronik von 1493)

Wer Köln eine Hansestadt nennt, versetzt seine Zuhörer in ungläubiges Staunen. Wie sollte das römische und „hillige Coellen" in die hansische Tradition norddeutscher Städte wie Lübeck, Hamburg oder Bremen passen?

Das Wort „Hanse" stammt aus dem germanischen Sprachraum und bedeutet „bewaffnete Schar". Der Kaufmann des Mittelalters ist auf seinen Fernreisen selten allein, und Waffen gehören zu seinem selbstverständlichen Gepäck, denn an Straßen, auf Flüssen und auf See erwarten ihn Räuber und Freibeuter und bringen ihn um Hab und Gut. In des Wortes Bedeutung sind also auch die Kölner Kaufleute Hansen. Sie sind schon früh genossenschaftlich organisiert, was den Grundzügen der späteren Hanse entspricht.

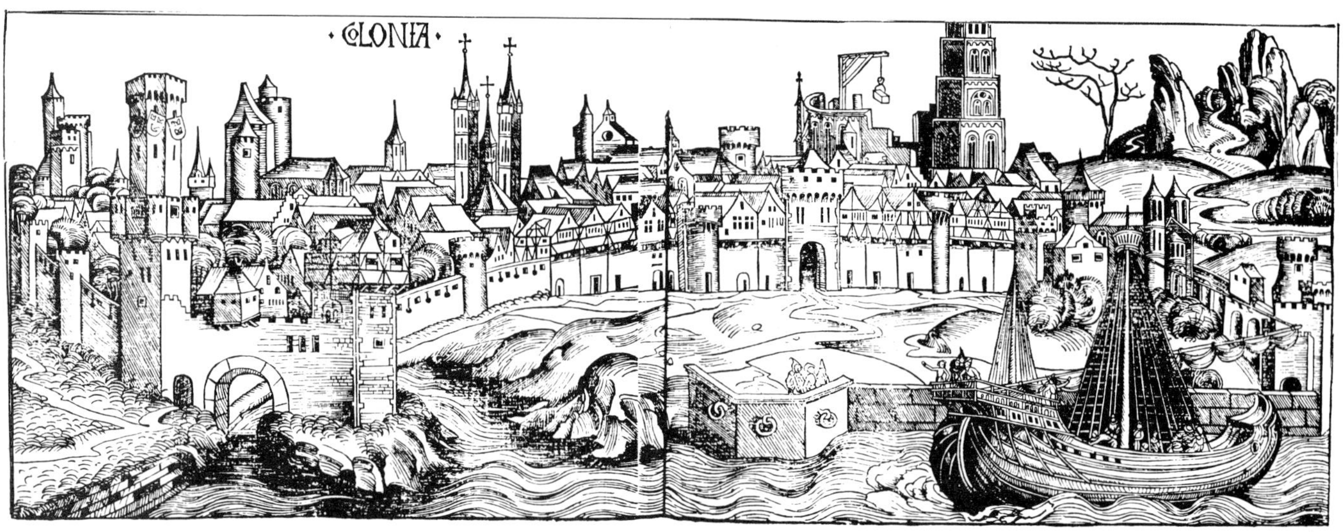

Der Nürnberger Arzt Hartmann Schedel vermittelt in seiner Weltchronik von 1493 ein anschauliches Bild Kölns mit seinen Kirchen, der Stadtbefestigung und dem Hafen. In der Stadtlandschaft, die sich vom Bayenturm links bis zum Kunibertsturm rechts erstreckt, mischen sich Realität und Erfindung. Sogar der Dom als bedeutungsvolles Bauwerk des „Heiligen Köln" ist falsch dargestellt. Weder seine Position im Bild noch das Stadium der Fertigstellung stimmen. Viele andere Einzelheiten, wie die Lage der Stadt am Rhein oder die phantastische Umgebung, deuten darauf hin, daß Maler und Stecher Köln nie gesehen haben.

Schon die Römer nutzen die breite Wasserstraße des Rheins nicht nur zu militärischen Zwecken. Sie treiben auch Handel bis in die Weiten des Niederrheins. Mit ihren Schiffen erreichen sie die Nordsee und die britischen Inseln. Viele Jahre danach findet man italienische, aber auch rheinische Trinkgefäße. Die römischen Kauffahrer werden England nicht ohne Wein erreicht haben. In England liegt auch die Domäne des späteren Kölner Hansehandels, und Wein ist bedeutende Handelsware.

Auch das „hillige Coellen" hinterläßt viele hansische Beziehungen. Die über die Grenzen Europas hinaus verehrte Stadtheilige Ursula ist eine englische Königstochter. Mit ihrer Schutzbegleitung von 11000 Jungfrauen – so will es die Legende – erreicht sie von England aus auf Schiffen die Rheinmündung. In Tiel am Niederrhein kauft sie auf dem Markt Lebensmittel ein. Auf ihrer Weiterfahrt liegen Köln, Mainz und Basel. Der Verfasser ihrer Leidensgeschichte belegt so den wichtigsten Handelsweg der Kölner und ihre Hinwendung zum Westen. In vielen zeitgenössischen Darstellungen erscheint die hl. Ursula mit ihrer Begleitung auf Hansekoggen vor den Toren Kölns, wo sie ihr Martyrium durch die Hunnen erfährt. Koggen werden wegen ihres Tiefganges nie Köln erreicht haben. Aber durch die Symbolkraft mittelalterlicher Kunst, der sich auch der Chronist Koelhoff in seiner 1499 gedruckten „Cronica van der hilliger Stat van Coellen" bedient, sind uns solche Bilder aus dem Leben und der Wirtschaft der Hansestadt Köln überliefert.

Lübeck ist die Mutter der Hanse, Köln aber ist die Mutter der deutschen Städte. Das Stadtrecht, das sich seine selbstbewußten Bürger erkämpft haben, wird zum Vorbild für viele andere Städte des Mittelalters. Heinrich der Löwe, der 1158 die Stadt an der Trave gründet, wirbt Kaufleute aus Westfalen und dem Rheinland zum Aufbau an. Auch Kölner helfen mit ihren Erfahrungen und lassen sich in der neuen Siedlung nieder. Zu diesem Zeitpunkt hat Köln vor allen anderen Städten riesige wirtschaftliche Vorsprünge. Fernhandel und ein differenziertes Gewerbe sorgen für den Reichtum der Stadt. Lübeck wird die Leistungen im Exportgewerbe, die Köln schon im 13. Jahrhundert erbringt, erst um 1500 erreichen. Im Fernhandel von England bis nach Oberdeutschland hat die Rheinmetropole schon einen klangvollen Namen.

Das auf Eichenholz gemalte Altarbild aus der Pfarrkirche St. Nikolai in Kalkar stammt von einem unbekannten niederrheinischen Maler aus dem 15. Jahrhundert und zeigt das Martyrium der hl. Ursula vor dem Stadtbild Kölns. Die Darstellung vermittelt zugleich einen Eindruck vom Reichtum der Hansestadt. Hochwertige Kleidung, kostbarer Schmuck, aber auch Waffen und Rüstungen verweisen auf die Bedeutung des Kölner Handelsgewerbes. Die Koggen im Hintergrund symbolisieren die Beziehung zur hansischen Schiffahrt.

Die „Große Ansicht von Köln", ein Holzschnitt von Anton Woensam aus dem Jahre 1531, der ein Geschenk der Stadt anläßlich der Krönung von König Ferdinand I. ist, präsentiert die Stadt in ihrer eindrucksvollen Größe. Die Ansicht steckt voller Details, die uns ein genaues Bild vom mittelalterlichen Köln geben. Sogar Einzelheiten der Fassadengestaltung sind genau zu erkennen. Unter den Wolkengebirgen, in denen die Stadtgründer und Patrone mit einer Engelschar schwe-

Kölns Handelsdomänen sind und bleiben während der Hansezeit der Westen und Nordwesten Europas. Die Aufgaben Lübecks und seiner Nachbarstädte liegen vorwiegend in der Erschließung der deutschen Ostgebiete und des Ostseeraums mit Skandinavien. Beide Gebiete, der Westen und der Osten, sind untrennbar in ihrer Entwicklung aufeinander angewiesen. Köln bildet den Umschlagplatz und die Handelsmetropole für das gesamte Binnenland bis hin zum oberdeutschen Süden. Wen wundert es also, daß auch die Führungsfrage in der Hanse zu einer De-

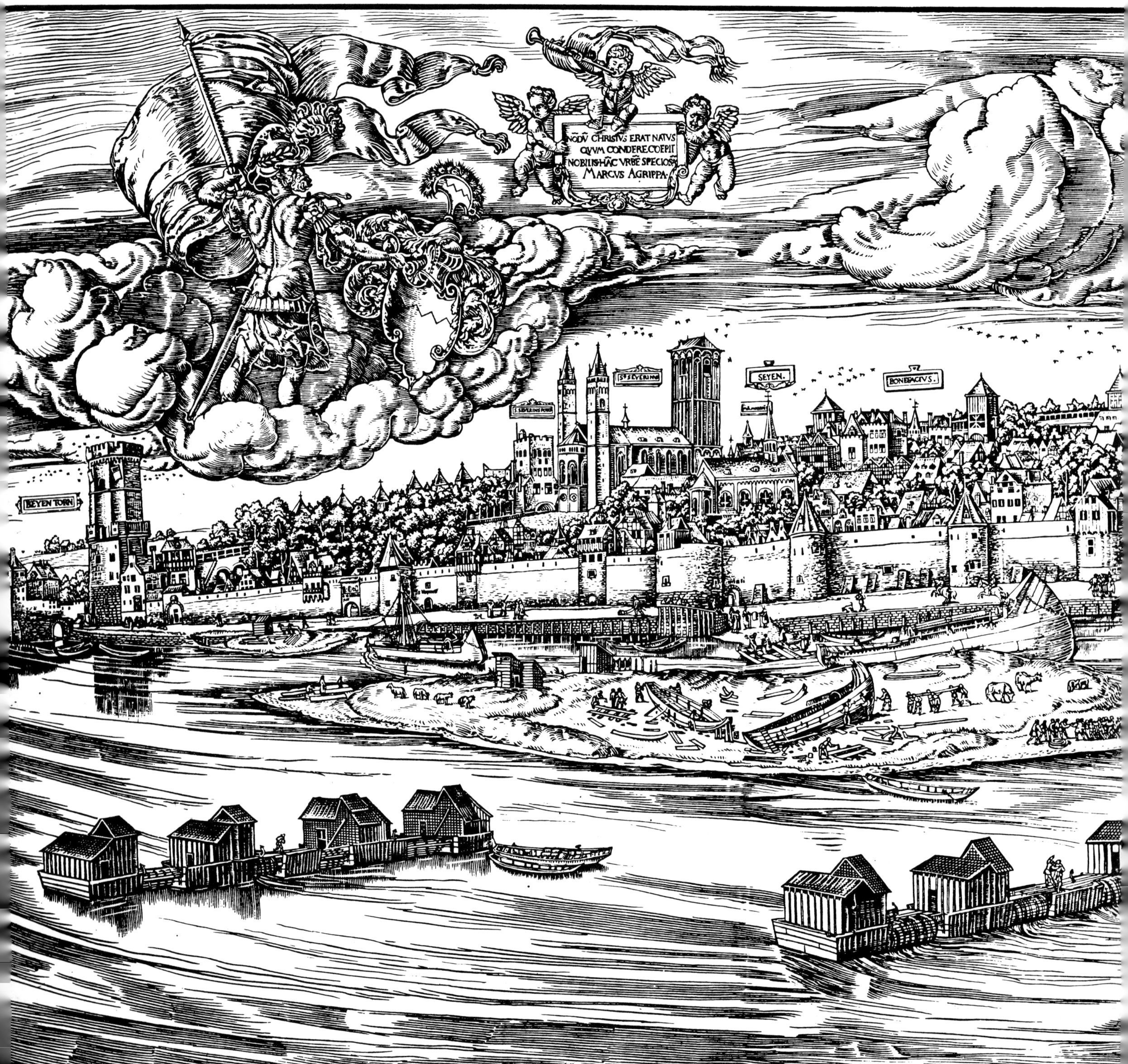

batte zwischen Köln und Lübeck wird? Nachdem sich 1358 der Bund von den „steden van der dudeschen hense“ formiert hat, wird auch über die Rangordnung auf den Hansetagen, den einzigen beschlußfähigen Organen des neuen Städtebundes, gestritten. Lübeck hat sich in dieser Frage durchsetzen können. In vielen anderen Bereichen in der gesamten Geschichte der Hanse wird auch den Standpunkten Kölns viel Gewicht beigemessen. Am mächtigen politischen und wirtschaftlichen Einfluß der Domstadt und ihrer Finanzkraft werden sich alle Kräfte messen.

ben, erhebt sich die mächtige Stadt vom Bayenturm im Süden bis zur Kunibertstorburg im Norden. Prächtige Türme ragen bis in den Himmel hinein. Der Rhein mit zahlreichen Schiffen, Rheinmühlen und das lebendige Hafenszenarium zeigen Köln als bedeutende Handels- und Hafenstadt.
Die Mühle an der Ulrepforte, St. Maria Lyskirchen und die Karmeliterkirche ragen heraus aus der Menge der Häuser hinter der Stadtmauer.

Historische Zweifel an der Zugehörigkeit Kölns zur Hanse werden von ihrer typisch eigensinnigen Handelspolitik, die sich oft von der hansischen Orientierung völlig entfernt, abgeleitet. So hat die Stadt auf eine ihr gebotene große Chance am einzigen Hansetag in Köln 1367 ausschließlich mit Neutralität reagiert. Der berühmt gewordenen „Kölner Konföderation“, in der die Hansestädte sich gegen das drohende Großmachtstreben des dänischen Königs Waldemar IV. Atterdag formieren, tritt Köln nicht einmal bei. Man beschränkt sich auf die gastfreundliche

St. Maria im Capitol und Klein St. Martin im Mittelpunkt. Neben den Kirchen sind auch die Stadttore als Zeichen des sicheren und wehrhaften Köln namentlich festgehalten. Hier: Pantaleonstor und Weyertor.

Bewirtung der Gesandten und nimmt auch an den Verhandlungen teil, reagiert aber, als es zum Beschluß kommt, neutral. Dabei hat man gerade auf den Beistand Kölns und seinen Einfluß auf die westfälischen Städte für den bevorstehenden Krieg gehofft. Doch die Ostsee ist weit, und die Einmischung in einen Krieg mit Staaten, zu denen weitgehend nur indirekte Handelsbeziehungen bestehen, scheint den Kölnern ein Engagement nicht wert zu sein.

Auch die Haltung in der für Köln wichtigen Englandfrage ist bei-

Unterhalb von Groß St. Martin, an der „Fischportz", ist der Anlegeplatz der „Niederländer", der Schiffe, die am Unterlauf des Rheins verkehren. In der Strommitte, über den Giebeln der Deutzer Fachwerkhäuser, zieht eine typische Rheinfähre mit einem Fuhrwerk beladen vorbei.

Nördlich vom Dom stehen auf dichtem Raum die Kirchen St. Maria ad gradus, St. Andreas, St. Maximin, St. Lupus. Weiter rechts St. Ursula und die Makabäerkirche.

spielhaft für seinen eigenen, von der Hanse abweichenden Weg. 1469 äußert sich Köln, daß der Beschluß eines Hansetages für eine Stadt nur verbindlich sei, wenn er nicht eindeutige Nachteile für sie habe. Der Städtebund reagiert darauf ein Jahr später mit der „Verhansung", dem Ausschluß Kölns aus der Hanse, der schlimmsten Bestrafung einer Stadt, nimmt sie aber Jahre später wieder auf. An der relativ milden Strafzahlung, die Köln dafür zu entrichten hat, ist abzulesen, wie wichtig die Bedeutung der Stadt für die in allen Zeiten bedrohte Einheit des Bundes ist.

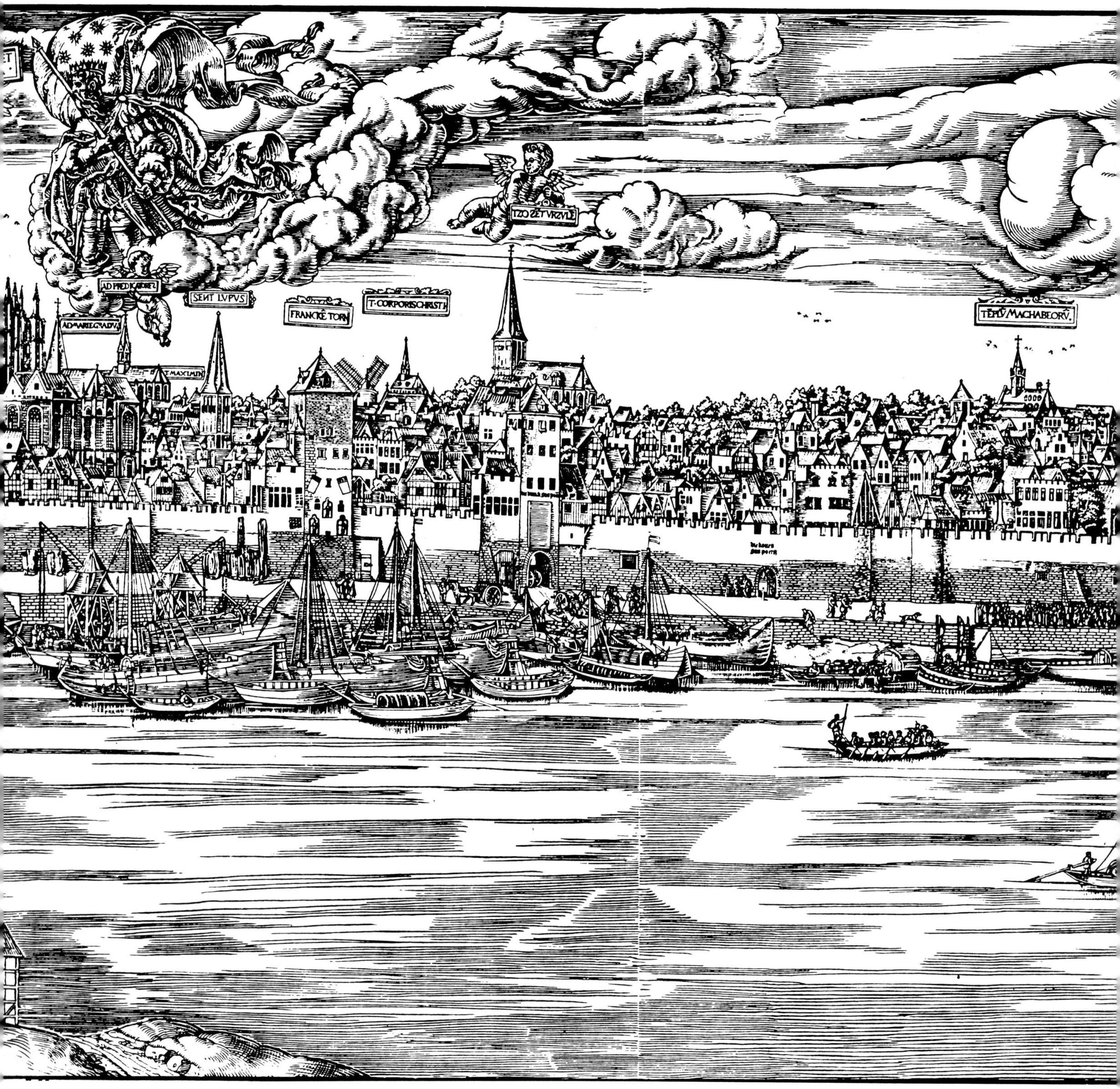

Letztlich stößt auch die Haltung Kölns in der Flandernfrage auf die Ablehnung der Gemeinschaft und wirft die historischen Zweifel an seiner Bündnistreue auf. Während die Hanse den deutschen Kaufmann auf den Handelsplatz Brügge bis zu dessen Niedergang verpflichtet, konzentriert sich Köln entgegen aller Beschlüsse auf Antwerpen und weigert sich, den Abgaben für die Niederlassung in Brügge nachzukommen.

Für kölnischen „Klüngel“ und Eigensinn gibt es genügend Beispiele in der Geschichte der Hanse, aber es mangelt auch den anderen Städten

Reges Treiben auf dem Strom und am linksrheinischen Ufer. Spaziergänger, Händler und Hafenarbeiter beleben das Bild der mittelalterlichen Stadt. Im Hintergrund das Eigelsteintor und die Kirche St. Kunibert.

nicht an Kungelei, Egoismen, juristischen Winkelzügen und Rücksichtslosigkeiten, die letztlich den wirtschaftlichen Niedergang des Bündnisses einleiten.

Unterstellt man, daß die einzelnen Mitglieder der Hanse unterschiedlichsten Herren dienen müssen, die Territorialpolitik des Mittelalters von Kriegen überzogen ist und differenzierte Rücksichten erfordert, daß eine Stadt an der Ostsee andere wirtschaftliche und politische Probleme als eine Binnenstadt hat, daß eine stark exportgewerbliche Stadt wie Köln sich anders orientieren muß als eine auf reinen Handel ausgerichtete, dann wird auch die Individualität verständlich, die in die Gemeinsamkeit der Hanse hineinspielt. Letztlich sollte auch den Zweifler überzeugen, daß gerade in der Phase des Niedergangs des Städtebundes der Kölner Patrizier Sudermann eine große integrierende Kraft ist und, wenn auch vergeblich, bis zu seinem Tode unermüdlich für den Fortbestand und die Einheit der Hansestädte gekämpft hat.

Welche Beziehungen Kölns lassen sich zu dieser mittelalterlichen Wirtschaftsmacht der Hanse, die sich unter dem Zeichen der Kogge die Macht in Ost- und Nordsee erschlossen hat, finden? Auf viele Fragen gibt dieses Buch eine Reihe von Antworten. Es will eine Brücke bauen zwischen den politischen, wirtschaftlichen und kulturellen Ereignissen, die die Hanse in ihrer 500jährigen Geschichte in Gang gesetzt hat, und der Bedeutung Kölns, das einen großen Beitrag zur Geschichte der Hanse geleistet hat.

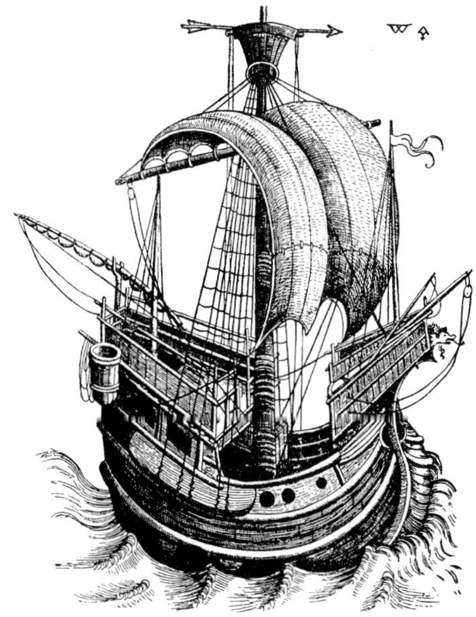

Die Kogge ist Symbol der hansischen Schiffahrt

Köln in der Geschichte der Hanse

Köln und seine ersten Kauffahrerbruderschaften

Die Hanse, das ist die faszinierende Geschichte einer Handelsmacht, die aus dem freiwilligen Zusammenschluß von deutschen Städten und Kaufleuten entsteht und weit über ihr 500jähriges Bestehen hinaus wie selten eine andere Organisation das wirtschaftliche, politische und kulturelle Leben unseres Jahrtausends mitbestimmt hat. Kaum eine Stadt im Norden, Westen oder Osten Europas kann sich ihren Einflüssen entziehen.

Köln spielt entgegen den Aussagen mancher Historiker eine bedeutende Rolle in dieser Wirtschaftsgemeinschaft. Der ausgeprägt rheinisch-kölnische Eigensinn, der sich auch während des bitteren Kampfes um seine stadtbürgerliche Verfassung und die Freiheit des Handels zeigt, verträgt keine widerspruchslose Akzeptanz von Obrigkeiten und deren Statuten. Als sich der Hansebund 1358 in Lübeck konstituiert, hat die Stadt die ersten blutigen Kapitel im Kampf um ihre freiheitlich bürgerliche Verfassung überstanden. Seit der Schlacht von Worringen 1288 ist sie ein gewaltiges Stück dabei vorangekommen. Handwerker und Kauf-

Der Kupferstich von Johann Toussyn (um 1660) verherrlicht den Kampf der Bürger um ihre Freiheit. Der Blick fällt durch den mit Wappen und Medaillons reich geschmückten Triumphbogen, den wehrhafte Bürger umstellen. Im Hintergrund das Getümmel der Schlacht von Worringen.

leute, in Zünften und Gaffeln gut organisiert, sind selbstbewußt und stolz auf den erworbenen Reichtum und die Vielseitigkeit ihrer Leistungen. Köln hat im 13. Jahrhundert über 30000 Einwohner und ist mit Abstand die größte Stadt in Deutschland. Der Fernhandel zum Westen hin und weit bis über die Grenzen Oberdeutschlands hinaus ist bereits in vollem Gange.

Erst im Bewußtsein der vorausgegangenen geschichtlichen Ereignisse und der wirtschaftlichen Stärke dieser Stadt kann ihre manchmal widerspenstige Haltung in der zukünftigen Beziehung zum Hansebund und seinen Beschlüssen verständlich werden. Die hansische Idee lebt vor allem aus dem Bekenntnis zur Gemeinsamkeit. Es stellt sich also die Frage: Warum kann die Hanse trotz der eigenwilligen Position Kölns auf dessen Mitgliedschaft nicht verzichten? Die Antwort darauf gibt die Situation, in der Kaufleute im Mittelalter tätig sind.

Im frühen Mittelalter hat der Fernhandel, gemessen an späteren Erfolgen der Hanse, eine noch geringe Bedeutung. Der Aktionsradius des Wanderhändlers, der von Ort zu Ort zieht und seine Waren anpreist, ist den Umständen entsprechend eng begrenzt. Er kauft die Waren am Herkunftsort ein und liefert sie auch selbst an seine Kunden. Sein Handelsaufkommen mißt sich an der Zahl seiner Lasttiere oder seiner Fuhrwerke, mit denen er über Land zieht. In den Städten treiben viele Krämer und Hausierer Handel mit Waren aller Art. Auch der Handwerker selbst ist in diesen Handel mit einbezogen. Erst zunehmende Bevölkerungszahlen, der Anstieg der Gewerbeproduktion, neue Siedlungen, die Verbesserung der Infrastruktur und die Einführung von Buchführung und Schriftverkehr ermöglichen eine Form der Arbeitsteilung in Gewerbe und Handel und die Einführung des Fernhändlertums.

Der Tod und der Kaufmann heißt der Holzschnitt aus einem Blockbuch des 15. Jahrhunderts. Er symbolisiert die ständige Lebensgefahr, der sich die Hansekaufleute auf ihren Reisen aussetzen.

Der Wanderhändler kann den schnell wachsenden Bedarf seiner Kunden nicht mehr allein befriedigen. Personal an den Herkunfts- und Zielorten der Ware übernimmt seine Aufgaben. Fuhrleute, Packer und Schiffer sorgen für den Transport der Waren. Wirte an vielen Orten vermitteln Geschäfte für ihn und leiten seine Güter weiter. Doch die Umstände, unter denen Fernhändler, ihre Gesellschaften und Mitarbeiter tätig werden, sind von vielerlei Gefahren bedroht. Freibeuter, Strand- und Straßenräuber gehören zum gewohnten Bild auf allen Verkehrswegen. Ständige Lebensgefahr und der Verlust von Waren und Wirtschaftsgütern sind das alltägliche Los des Kauffahrers. Auf seiner Reise in die Ferne durchquert er die politische Welt einer Vielzahl von deutschen und ausländischen Einzelterritorien, welche immer wieder anderen Herren, anderer Rechtsprechung und anderen Gesetzen unterliegen. Der Willkür einzelner Territorialherren, die sich in ständigen Kleinkriegen und Grenzauseinandersetzungen ergehen, kann sich der Kaufmann nur schwer entziehen. Oft genug halten sich Grafen, Herzöge und der von Kriegsdienst gebeutelte niedere Adel am Kaufmannsgut schadlos. Arrestierung von Mensch und Ware und Raubrittertum sind bevorzugte Instrumente zur Durchsetzung politischer Ansprüche. Wer sich durch viel Lösegeld nicht befreien kann, muß zum Teil jahrelange Gefangenschaft in Kauf nehmen.

Unter diesen Umständen schließen sich Kaufleute in vielen deutschen Städten wie auch in Köln zu Schutzgemeinschaften, Bruderschaften und Genossenschaften zusammen. Sie teilen gemeinsam das wirtschaftliche Risiko, organisieren gemeinsame Frachten und Fahrten, chartern eigene Schiffe, vertreten sich geschäftlich gegenseitig am Zielort und handeln mit Städten und Landesherren Verträge um Gewährung von Privilegien aus. Diese bedeuten eine Garantie für die Sicherheit von Personen, Waren und Niederlassungen sowie Handelsgarantien für bestimmte oder alle Waren, Zollfreiheit, Steuerfreiheit, Gleichstellung mit den Bürgern und Ausschluß von Kollektivhaftung. Oft gelten sie nur vorübergehend, manchmal auch für alle Zeiten. Erkauft werden sie mit

Der Kaufmann am Rechenbrett

zäher Verhandlung, viel Geld oder Gewährung gleicher Rechte in der Heimatstadt oder dem Heimatland.

Zu den frühen bekannten Zusammenschlüssen gehören im 11. Jahrhundert die Kölner Englandfahrer, die schon um das Jahr 1000 unter dem Schutz des englischen Königshauses in London Handel treiben und ab 1130 eine eigene Niederlassung, die „Gildhalle" an der Londoner Themse, haben. Um 1246 existiert in Köln unter dem Namen „fraternitas danica" eine Bruderschaft von Kaufleuten, die gemeinsam ins dänische Schleswig fahren und dort Handel treiben. Ihre Reise führt über Dortmund und Soest nach Schleswig, dem wichtigsten Treffpunkt der Ostseefahrer vor der Gründung Lübecks. Als Versammlungsort für ihre Zusammenkünfte haben sie das Haus „Zum Horne" auf dem Kölner Altermarkt gemietet. Auch in anderen Städten des Reiches kommt es zu Zusammenschlüssen von Kaufleuten, die ein bestimmtes Handels- oder Reiseziel verfolgen.

Die „Genossenschaft der Gotlandfahrer", die sich zu Beginn des 13. Jahrhunderts konstituiert und an der sich Kaufleute aus rund 30 Städten von Reval bis Köln beteiligen, trägt mit ihrer Organisation und ihren Zielen die Wesenszüge des späteren Hansebundes in sich. Im gemeinsamen Auftrag aller Mitglieder schließt sie Verträge mit Kaufleuten fremder Städte, gründet Niederlassungen, schafft in Verhandlungen mit Städten und Landesherren die marktrechtlichen und politischen Voraussetzungen für den Handel, wählt aus ihren Mitgliedern ein Oberhaupt, den „Oldermann", dessen Weisungen sich die anderen unterwerfen, führt ein eigenes Siegel und legt sich eine eigene Gerichtsbarkeit zu.

Auch im Ausland schließen sich Kaufleute zu Bruderschaften und Kauffahrergenossenschaften zusammen. In der „Flandrischen Hanse" von London sind die Kaufleute aus Tuchstädten wie Lille, Brügge und Ypern organisiert. Mitte des 12. Jahrhunderts ist die „Genter Hanse" regelmäßig in Köln und in den Städten am Rhein im Handel aktiv.

Die Verstädterung des Handels – Köln im Rheinischen Bund

Mit der Wende zum 13. Jahrhundert ändert sich auch das Bild der Genossenschaften. Der Zusammenschluß von Kaufleuten hat den Handel stark anwachsen lassen. Die Städte, allen voran Köln, sind im Zuge des wirtschaftlichen Aufschwungs reich geworden, bekommen aber auch den zunehmenden Konkurrenzkampf von außen und den Mißmut ihrer Bürger darüber zu spüren. Die vertragliche Gewährung von Privilegien und die Gleichstellung fremder Kaufleute am heimischen Markt verlangen nach Gegenseitigkeit auf allen Märkten. Es kann daher nicht länger in der Kompetenz einzelner Kaufleute oder Gruppen liegen, die Handlungsspielräume festzulegen. Die Stadtpolitiker selbst müssen jetzt aktiv werden.

Für die Verstädterung des Handels sorgen im 13. Jahrhundert mehrere gleichzeitige Ereignisse. Zum einen identifizieren sich die einzelnen Kaufmannshansen auch namentlich mit der Stadt oder Region, aus der sie anreisen, zum anderen gibt der im 13. Jahrhundert überall einsetzende Verfassungskampf der Städte, die Befreiung aus ihrer territorialherrschaftlichen Zugehörigkeit, den Strukturwandel vor. Der Freiheitskampf der Städte setzt sich in ganz Deutschland fort, sehr zum Argwohn ihrer fürstlichen Landesherren, die aber vom Kaisertum, dessen Schwäche sie fördern, kaum Hilfe erwarten können. Der wohlhabende Kaufmann sitzt jetzt im städtischen Parlament. Er geht nicht mehr selbst auf Reisen, überläßt die Geschäfte seinen Söhnen und Faktoren und beeinflußt politisch den Handel vor Ort und in der Fremde. So sind mit der Verstädterung des Handels auch die Weichen für die folgenden Städtebündnisse gelegt, die an die Stelle der Kaufleute-Genossenschaften treten. Auch Köln löst sich in vielen Kämpfen von der stadtherrlichen Allmacht seines Erzbischofs, um eine eigenständige, freiheitliche und bürgerlich geführte territoriale Einheit zu werden.

Ab 1255 ist Köln im „Rheinischen Bund" vertreten, der auf die Initiative der mittelrheinischen Städte Mainz, Worms und Bingen gegründet wird. Schon bald übernimmt es den Vorsitz, den Mainz innehatte, und führt damit 70 Städte von Bremen bis an die Alpen nach Bern. Das Hauptanliegen des Bundes ist die gemeinsame Sicherung des Landfriedens. So gründen 1249 Münster, Osnabrück, Herford, Minden und Coesfeld in Westfalen eine Gemeinschaft im Kampf um die Handelsfreiheit. 1256 schließen Dortmund, Soest, Lippstadt und Münster einen ähnlichen Vertrag. Aus diesen und weiteren Bündnissen formiert sich langsam eine westfälische Gruppe, die Dortmund als stärkstes Mitglied anführt. Im Norden schließen Hamburg und Lübeck 1230 und 1249 Verträge über Ausbau und Sicherung ihrer Handelsbeziehungen und des Elbe-Trave-Verkehrsweges, der lange Zeit die wichtigste Verbindung zwischen Ost- und Westsee (heute Nordsee) vor der „Umlandfahrt" um Jütland ist. Mit Rostock und Wismar bilden sie die Gruppe der „Wendischen Städte". In Niedersachsen verbünden sich Hannover, Braunschweig, Hildesheim, Minden, Northeim und die ihnen zugewandten Städte zu einer eigenen Gruppe. Neben den genannten Bündnissen, deren Mitglieder in der Regel mehreren politischen Landesherren unterstehen, bilden sich auch innerhalb der Grenzen einzelner Territorien Städtegruppen wie die im Osten liegenden preußischen und livländischen Städte von Danzig bis Reval. Sie liegen im Einflußbereich des Deutschen Ordens.

Das älteste Siegel Kölns, erstmals durch eine Urkunde aus dem Jahre 1149 überliefert, zeigt die Symbole der Bischofsstadt: den in der Mitte thronenden Petrus, umgeben von den Türmen und Zinnen der romanischen Architektur.

Die Erschließung des hansischen Handelsraumes

Bis sich die Städtegruppen im 14. Jahrhundert aufeinander zubewegen und gemeinsame Entscheidungen unter dem Namen der Hanse treffen, ist noch ein weiter Weg. Eine der durchgreifendsten Entwicklungen des Mittelalters bahnt sich in der Besiedelung der slawischen Gebiete östlich der Elbe an. Für die Deutsche Ostbewegung, die der Hanse einen unerschöpflichen Reichtum und die Herrschaft in der Ostsee bringen wird, spielen eine Reihe politischer, wirtschaftlicher und sozialer Hintergründe eine Rolle. Die Elbe ist die Ostgrenze des Deutschen Reiches. Die dahinter lebenden slawischen Stämme sind politisch und wirtschaftlich völlig unterentwickelt. Die Versuche Polens, ein vereinigtes slawisches Großreich zu bilden, scheitern an der Zerstrittenheit der Völker. Unter Lothar von Supplinburg beginnt die über 200 Jahre dauernde Besiedlung des Ostens. Gemeinsam mit seinen Markgrafen in Holstein, Meißen, in der Lausitz, mit den Askaniern und gefolgt von Heinrich dem Löwen beginnt er seine großangelegte Eroberungspolitik. Bis 1180 sind Holstein, der Westen Mecklenburgs, Brandenburg und Pommern eingenommen. Damit ist der erste Schritt nicht nur zur Sicherung der Grenze des Reiches zum Osten hin, sondern auch zur Eroberung des weiten unterentwickelten Gebietes jenseits der Elbe eingeleitet.

Die zweite Etappe der Bewegung Richtung Osten verläuft friedlich. Die wirtschaftliche Entwicklung im 11. und 12. Jahrhundert hat die Bevölkerung im Westen rasch anwachsen lassen. In den Städten herrscht drängende Enge. Blutige Verfassungskämpfe, die ständigen territorialen Auseinandersetzungen und Klassengegensätze innerhalb des Feudalstaates und eine Gesellschaftsordnung, die dem Bürger kaum einen Bewegungsspielraum läßt, haben zu Spannungen geführt. Auf dem Land führen fortschreitende Parzellierung, Bodenspekulation und immer größerer Abgabenzwang der Bevölkerung an ihren Grundherren zu einer Entfremdung des Menschen von seiner heimatlichen Scholle.

Als der Ruf deutscher Territorialherrn und der slawischen Fürsten in Pommern, Polen, Schlesien, Böhmen, Mähren, Mecklenburg an Bauern und Handwerker ergeht, ziehen Tausende, darunter auch viele Kölner Familien, über die Grenze von Elbe, Saale und Böhmerwald. Überall bilden sich neue Dorfgemeinschaften. In einheitlicher Planung werden die Dörfer angelegt, der Besitz verteilt, Kirchen erbaut und eine moderne Landwirtschaft eingeführt. Die Dorfgemeinschaft bestimmt in Freiheit über ihre Gemeinschaftsangelegenheiten. Die wirtschaftlich noch größere Bedeutung kommt aber den Städtegründungen zu.

Eine der ersten und für die spätere Hanse wohl wichtigste ist Lübeck, die Stadt, die zum Vorbild für viele weitere werden soll. Unter Heinrich dem Löwen, Herzog von Sachsen und Bayern, Vetter des Stauferkaisers

Lübeck – ein Holzschnitt aus der Weltchronik Hartmann Schedels von 1493. Die Ähnlichkeit zum kölnischen Städtebild (Seite 8) ist verblüffend. Auch die anderen Stadtansichten der Weltchronik folgen demselben Darstellungsprinzip: Mit Versatzstücken von Bürgerhäusern, Türmen und Kirchen wurden die mittelalterlichen Städte komponiert.

Friedrich Barbarossa und einer der mächtigsten Landesherren im Vorfeld der Hanse, bauen 1159 vorwiegend rheinische und westfälische Kaufleute, die er ins Land gerufen hat, die Stadt auf dem Boden einer ehemaligen slawischen Siedlung. Lübeck entsteht unter geographisch und strategisch geradezu idealen Voraussetzungen. Die Standortwahl, fast im Mittelpunkt der östlichen und westlichen Handelsgebiete und an der Meerenge zwischen Ost- und Westsee, wird sich als entscheidender Erfolg für die Übernahme der hansischen Führung erweisen.

Die Bedeutung der Stadt wächst sehr, und Heinrich tut alles, um ihr Geltung zu verschaffen. Er schickt Boten nach Dänemark, Schweden, Norwegen und Rußland mit Einladungsschreiben an die dortigen Kaufleute. Sie sollen den Hafen und die Stadt besichtigen und den Handel aufnehmen. Schon bald schließt er mit ihnen Handelsverträge ab. 1160 verlegt er auch den Bischofssitz von Oldenburg nach Lübeck.

Die Stadt erhält von Anfang an ein freiheitliches Recht nach Soester Vorbild, das wiederum mit dem Kölner Recht Verwandtschaft hat. Die Bürgerschaft ist damit sofort mit ihrer Selbstverwaltung betraut. „Stadtluft mach frei“ ist die Devise der Bürger. Wer ein Jahr und einen Tag in der Stadt gelebt hat, ohne von seinem Feudalherren als Untertan angesprochen zu werden, ist frei. Diese Regelung schafft in einer Umgebung strengster Lehnsabhängigkeit auf dem Lande die Verhältnisse für freies Wirtschaften und Handeln und den raschen Aufstieg Lübecks sowie aller weiteren Gründungsstädte, die diesem Vorbild folgen werden. Heinrichs Entscheidungen sind von dem Wissen getragen, daß er nicht allein mit Gewalt, sondern vor allem gemeinsam mit freien Kaufleuten die Eroberung des Ostseeraumes und des sich rasch entwickelnden Hinterlandes vorantreiben kann.

Das 12. und 13. Jahrhundert ist geprägt vom missionarischen Eifer der Kaiser und ihrer weltlichen und geistlichen Fürsten. Mit ihrem Gefolge von Rittern, Geistlichen, Bürgern und Bauern entfachen sie die heiligen Kriege gegen die Ungläubigkeit. Im Zuge der deutschen Ostbewegung gibt die Christianisierung des heidnischen Slawenlandes einen wesentlichen Impuls. An den zahllosen Trecks der Handwerker und Bauern, die Richtung Osten ziehen, haben die Orden großen Anteil. Augustiner, Prämonstratenser und Zisterzienser sind bedeutende Förderer der Siedlungsbewegung und übernehmen die missionarische und seelsorge-

Das Holstentor in Lübeck wird von 1469 bis 1476 nach niederländischen und rheinischen Vorbildern als repräsentatives Burgtor erbaut.

Die Marienburg in Westpreußen ist ab 1309 Sitz der mächtigen Hochmeister des Deutschen Ordens, deren Kolonisationsleistungen und Heidenkriege Voraussetzungen für den hansischen Handel in den Weiten der deutschen Ostgebiete sind. Innerhalb der Hanse sind sie wegen ihrer eigenwilligen Politik gefürchtet.

Die Kogge ist Symbol für Macht und Erfolge der Hanseschiffahrt.

rische Arbeit sowie schulische Aufgaben. Es kommt zu einer Welle von Klostergründungen im ganzen Land. Mit den Heidenkriegen des slawischen Ostens ist der Name des Deutschen Ordens eng verbunden. Unter dem Zeichen politischer und wirtschaftlicher Macht wird er auch auf die Geschicke der Hanse starken Einfluß nehmen.

Herzog Konrad von Masowien, ein polnischer Lehnsherr, ruft die Ordensritter in der ersten Hälfte des 13. Jahrhunderts in sein Land. Er bittet um Unterstützung bei der Christianisierung der in Preußen lebenden heidnischen Pruzzen und bietet als Gegenleistung das Kulmerland zum Geschenk an. In der Folgezeit gelingt es dem Orden, weit über seinen Auftrag hinaus in harten Kämpfen nicht nur Preußen zu erobern, sondern darüber hinaus auch weite Landgebiete unter seine Herrschaft zu bringen. Zu Beginn des 15. Jahrhunderts hat sich der Ordensstaat entlang der Ostseeküste von Preußen über Kurland und Livland bis an die russische Grenze ein gewaltiges Territorium geschaffen. Im Zuge planmäßiger Erschließung entstehen Hunderte von Dörfern, Burgen und Städte wie Thorn 1231, Kulm 1232, Elbing 1237 und Königsberg 1255. Die zentralistische Macht des Deutschen Ordens findet Ausdruck in der prachtvollen Marienburg in Westpreußen, die seit 1309 Sitz der einflußreichen Hochmeister ist.

Die Gründung Lübecks und die deutsche Besiedelung entlang der südlichen Ostseeküste sind die Voraussetzung für die Eroberung des Ostseeraumes für den Handel. Auch die skandinavischen Länder erhalten im Zuge der Kolonisationswelle deutschen Zulauf. Handwerker und Kaufleute bereisen die Hafenorte an den Küsten in Norwegen, Dänemark und Schweden. Sie dringen von dort aus ins dünnbesiedelte Innere des Landes, lassen sich nieder, gründen Städte und treiben regen Handel. Die „Kogge", ein modernes hochseetüchtiges Lastschiff, erobert den gesamten skandinavischen Raum. Das neuartige Segelschiff, das mit seinem breitbauchigen hohen Rumpf wesentlich mehr laden kann als die bisherigen Ruderboote der skandinavischen Mitbewerber und gleichzeitig den Stürmen der See besser gewachsen ist, drängt die Eigenschiffahrt der Seefahrer aus dem Norden immer mehr zurück. Eine Monopolstellung der Deutschen ist abzusehen.

Nun gilt es auch, Gotland und seinen Handel einzubeziehen. Die Insel liegt mitten in der Ostsee und bildet einen Brückenkopf und die Nachschubbasis für alle Seefahrer und Fernhändler, die Richtung Norden oder in die Weiten des russischen Ostens segeln. Sie ist zugleich die Heimat mutiger Seefahrer, die schon im 11. Jahrhundert zwischen Schleswig und Nowgorod Fernhandel treiben. In Nowgorod besitzen sie mit dem „Gotenhof" eine feste Niederlassung und handeln mit flämischen Tuchen und anderen Westwaren, die sie in Sachsen, Schleswig und an den skandinavischen Ostseeküsten eingekauft haben. Viel bedeutsamer sind aber die Waren, die sie auf dem Heimweg auf ihren Schiffen geladen haben: Pelze, Teer und Wachs gehören mit zu den begehrtesten Handelswaren des Mittelalters. Der deutsche Ostseehandel und die spätere Hanse sind daher besonders bestrebt, in diesen reichen Markt einzudringen.

Heinrich der Löwe schafft 1180 durch ein Vermittlungsabkommen mit der gotländischen Konkurrenz auch dieses letzte Handelshindernis im Ostseeraum ab. Bald danach ruft er die „Genossenschaft der Gotland besuchenden Deutschen" („universii mercatores Imperii Romani Gotlandiam frequentantes") ins Leben. Kaufleute aus über 30 Städten zwischen Köln und Reval, darunter aus Lübeck, Bremen und vielen westfälischen Städten, schließen einen gemeinsamen Friedens- und Beistandseid. Ab dem 13. Jahrhundert führen sie das Reichssymbol, die Lilie, auf Wappen und Siegeln. Erst ein, später vier Ältermänner aus den Städten Wisby, Lübeck, Dortmund und Soest haben die Leitung der Genossenschaft inne. Herzog Heinrich macht sich selbst zum politischen Beauftragten, den alle anerkennen müssen, und überträgt dem gewählten „Ol-

Die Lilie im Siegel der Genossenschaft der Gotlandfahrer ist das Zeichen für königlichen Schutz.

Gegenüberliegende Seite:
Der Weinmarkt in Brügge. Die Miniatur aus dem 16. Jahrhundert zeigt eine Handelsszene, an der durchaus auch Kölner beteiligt sein könnten, denn der Weinhandel ist für die Hansekaufleute aus der Domstadt eine der größten Einnahmequellen.

dermann“ die Vogtrechte. Damit ist eine der größten Etappen auf dem Weg zum Städtebündnis der Hanse bewältigt. Aus der kleinen skandinavischen Siedlung an der Westküste Gotlands, wo auch schon deutsche Einwanderer leben, (Münzfunde aus dem 10. Jahrhundert weisen auf den Zusammenhang mit Köln hin), entsteht bald eine reiche Stadt nach deutschem Recht. Ein starker, fast quadratischer Mauerring von 3,5 Kilometer Länge erinnert noch heute an die Bedeutung der Stadt.

Durch den Vertrag Heinrichs des Löwen abgesichert, tauchen jetzt die Deutschen auf allen Märkten im Osten auf, wo die Gotländer bereits die Voraussetzungen für den Handel geschaffen haben. Die ständigen Bemühungen Wisbys, eine Führungsrolle innerhalb der Genossenschaft zu erlangen und die Oberhoheit über das russische Kontor zu behalten, sind zum Scheitern verurteilt. Lübeck hat es verstanden, seine führende Stellung im Laufe der Jahre auszubauen. Durch die starke Ausdehnung des Westhandels bekommt die Stadt auch ein anderes geographisches Gewicht. Sie liegt jetzt strategisch genau in der Mitte eines neuen mächtigen Handelsraumes. Die Ostkolonisation hat viele große Städte an der Südküste der Ostsee hervorgebracht, die auf dem Weg in den Osten jetzt neue Anlaufpunkte sind. Die schnell fortgeschrittene hochseetüchtige Schiffahrt kann auf den Nachschubstützpunkt Wisby verzichten. Gotland wird eher zum Umweg.

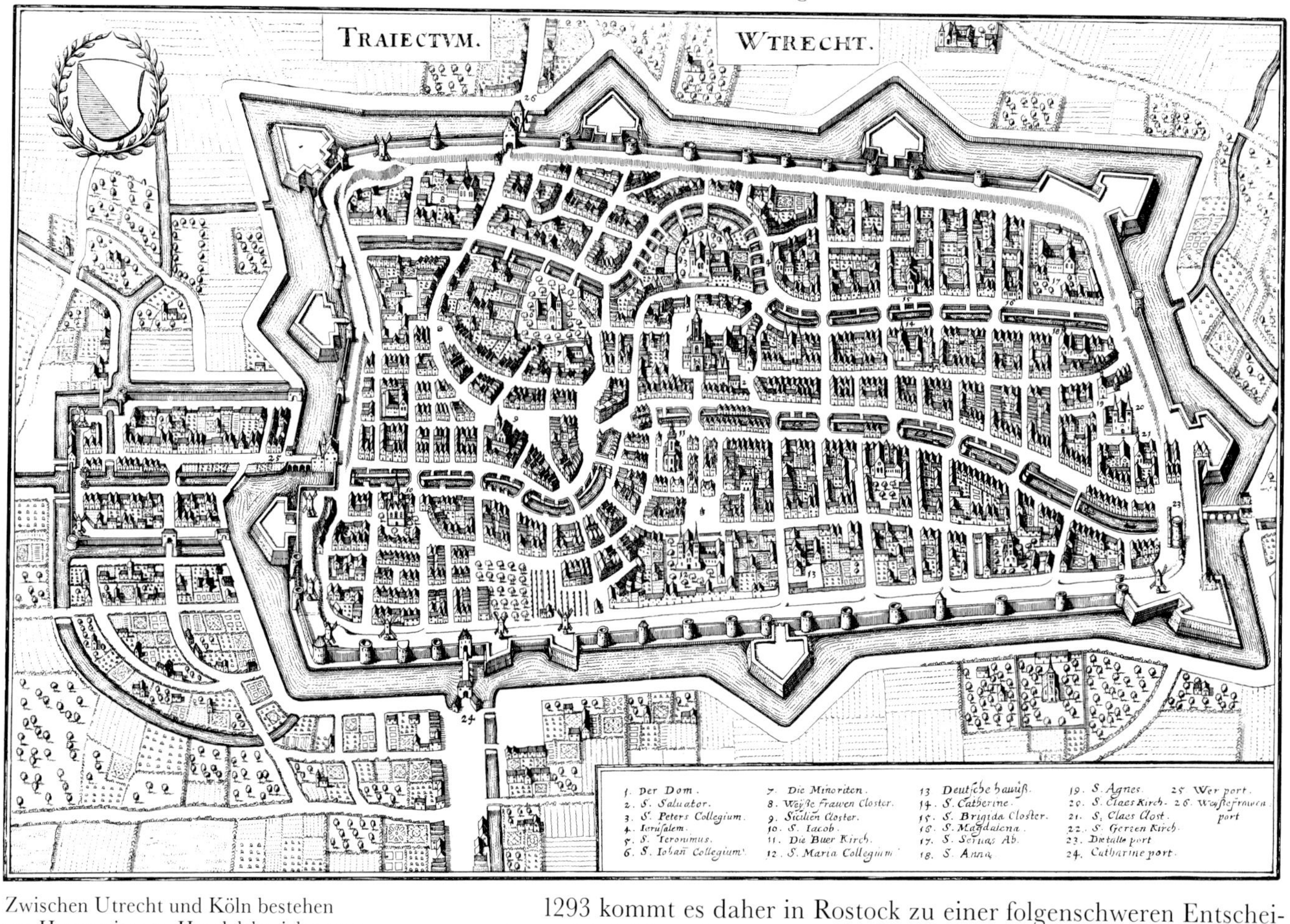

Zwischen Utrecht und Köln bestehen zur Hansezeit enge Handelsbeziehungen.

1293 kommt es daher in Rostock zu einer folgenschweren Entscheidung. 24 Städte stimmen über die Führung des russischen Kontors ab. Die Wahl fällt auf Lübeck. Auch Kölns schriftliche Zustimmung wird dazu eingeholt. Wisby verliert seine Stellung in Nowgorod und muß 1298 die Kaufmannssiegel der Genossenschaft an die neue Führung abtreten. Lübeck, seit 1226 Reichsstadt, hat damit seinem unaufhaltsamen Aufstieg die Krone aufgesetzt und sich zum Mittelpunkt der Hansestädte erhoben.

Während die Kolonisationswelle im Osten in vollem Gange ist, beginnen die deutschen Kaufleute aus dem Osten auch im Westhandel aktiv zu werden. Über die Häfen auf der Ostseite der britischen Inseln und auf dem Weg über die Themse nach London erreichen sie ihre ersten Fahrziele. Auf ihren Schiffen liegen Pelze, Wachs, Teer, Getreide und viele andere Waren, die sofort großen Absatz finden. Sie stoßen dabei auf die Kölner, die bereits fest im Markt etabliert sind. Ein wachsender gegenseitiger Konkurrenzdruck zwischen den Kölnern und den „Osterlingen", wie die Kaufleute von der Ostsee genannt werden, führt zu wechselseitigen Spannungen, die auch in späteren Jahren der Hansezeit nie ganz ausgeräumt werden. Da die Ostwaren zu begehrt sind und die neuen Handelspartner auch bald dem englischen Handel große Impulse bringen, werden die Kaufleute der Gotländischen Genossenschaft 1237 von Heinrich III., der den Kölnern eine Vorzugsstellung im Handel eingeräumt hat, zu gleichen Bedingungen privilegiert. Erst 1281 kommt aber eine Einigung zwischen den Rivalen zustande, die sich jetzt gemeinsam auf dem „Stalhof", einem Terrain, auf dem auch die Gildhalle der Kölner steht, niederlassen.

Nicht ganz so einfach wie in England, dessen Fernhandel noch unterentwickelt ist, gestaltet sich der Einzug der Deutschen in den Niederlanden. Die dort ansässigen Kaufleute sind selbstbewußte und erfahrene Ex- und Importeure, denen die Schiffahrt praktisch in die Wiege gelegt ist und die auf ihren Kauffahrten bereits bis in die Weiten der Ostsee und auch Richtung Oberdeutschland vorgedrungen sind. Trotzdem gelingt es den Deutschen auf der Grundlage von Einzelverträgen mit Städten wie Dordrecht, Utrecht und Brügge Fuß zu fassen und die Grafen von Flandern für sich zu gewinnen. In Brügge entsteht eine Niederlassung, welche zur bedeutendsten Handelsmetropole der Deutschen und vieler Kaufleute und Bankiers aus aller Welt wird.

Die Kolonisationsbewegung nach Osten und Norden hat die Voraussetzungen geschaffen, den hochentwickelten Westen mit Rohstoffen und Lebensmitteln zu versorgen. Die Niederlande sind getreidearm. Es gibt keine ausbeutbaren Bodenschätze. Wolle, der Grundstoff für die hochentwickelten Textilindustrien Flanderns und Brabants, muß importiert werden. So liegt in der Verbindung zwischen Ost- und Westhandel ein Ausgleich der Kräfte: ein hochentwickeltes Verarbeitungsgewerbe, technisches Know-how auf der einen Seite, auf der anderen Seite der landwirtschaftliche Reichtum und die Bodenschätze. Das Zusammenwirken der Kräfte verlangt aber nach Gleichgewicht, dessen einseitige Aufhebung zu kleinen und großen Spannungen führen wird, wie die Geschichte zeigt. Köln liegt geographisch und handelspolitisch auf einer Drehscheibe, deren unterschiedliche Ausrichtung Interessenskonflikte und Auseinandersetzungen, aber auch Stärke in sich birgt.

Die ersten großen Kraftproben für die Deutschen stehen bereits an. In Brügge werfen einheimische Kaufleute neidvolle Blicke auf die privilegierte Konkurrenz aus den östlich gelegenen Gebieten. Die Interessensgegensätze zwischen der Stadt und ihrem Territorialherren werden deutlich. Mit Handelsschikanen unterlaufen sie die gräflichen Privilegien. Die Deutschen antworten mit Umgehung des Stapelzwanges und setzen Brügge mehrfach durch Verlegung ihrer Niederlassung unter Druck. Das Kräftespiel mit Mitteln des Handelsboykotts wird über Jahrhunderte die Verhältnisse in den Niederlanden prägen.

Wie stark die Wirkung von Handelssperren für die Betroffenen ist, zeigt sich deutlich auch in Norwegen, wo Ende des 13. Jahrhunderts die Deutschen nicht nur Bergen, den Sitz ihrer Niederlassung, sondern das ganze Land mit einem Handelsmonopol überziehen. Sie beherrschen damit den gesamten Handel Norwegens. Im Moment der Auflehnung der Einheimischen gegen den Druck der neuen Handelsherren führt die Einfuhrsperre von Getreide zu verheerenden Auswirkungen. Eine große

Weinverkäufer

Hungersnot breitet sich nach dem Beschluß, den 1284 die wendischen Städte in Wismar gegen Norwegen treffen, aus. Nach der Beugung Norwegens und Erneuerung beziehungsweise Erweiterung der Privilegien und Zugeständnisse werden die alten Verhältnisse wieder eintreten.

Schon jetzt im Vorfeld des Städtebündnisses der Hanse sind die Handelsembargos ein Mittel der Disziplinierung. Wer sich der Gemeinschaft nicht unterzieht, wird von den Privilegien ausgeschlossen. Die „Verhansung" einer Stadt und ihrer Kaufleute innerhalb des Handelsbündnisses soll eine wirksame Waffe gegen Zuwiderhandlungen werden. Das wird auch Köln zu spüren bekommen.

Das Rathaus zu Brügge, erbaut von 1375–1420, gilt als das älteste Rathaus in Flandern. Die Statuen und Reliefs auf der Frontseite stellen historische und biblische Szenen dar. Die bürgerliche Freiheit der Stadt währt nur noch kurze Zeit. Danach erfolgt die Machtübernahme durch die burgundische Zentralgewalt.

Das Städtebündnis formiert sich

Der Beginn des 14. Jahrhunderts ist die Zeit vieler territorialer Auseinandersetzungen, die dem stärker werdenden Handel der Städte auf Straßen und Meeren schaden. In Dänemark belasten Anarchie und Unruhen das Land, das nach dem Tode seines Königs Erik Menved unter den Thronstreitigkeiten seiner Vasallen zu kämpfen hat. Auf Schonen fallen Hunderte deutscher Kaufleute und Einwanderer, deren wirtschaftliche Erfolge bei den Einheimischen schon lange Neid ausgelöst haben, einem Massaker zum Opfer. Zwischen England und Frankreich bricht der Hundertjährige Krieg (1338–1453) aus. Mit dem Aussterben der direkten Linie der Kapetinger beginnen die heftigsten Streitigkeiten um die französische Krone. Frankreich wehrt sich mit aller Macht gegen die Ansprüche Englands, das durch die verwandtschaftliche Nähe mit den Kapetingern den französischen Thron anstrebt. In den Grafen von Flandern und dem Herzog von Burgund findet England mächtige Bundesgenossen, zieht aber damit die Auseinandersetzungen bis auf flandrisches Gebiet und beschwört einen vernichtenden Kaperkrieg vor der Kanalküste, an dem sich Friesen und Flamen ebenso beteiligen wie die Hauptstreiter England und Frankreich.

Wofür, fragt sich die Hanse, hatte man dem Grafen von Flandern Schutz- und Geleitverträge abgehandelt, wenn seine Kaperschiffe jetzt auch neutrale Schiffe angreifen? Eine deutliche Gegenreaktion scheint angebracht. Man plant, ganz Flandern einer Blockade zu unterwerfen. Da dies aber nicht ohne die Zustimmung aller Städte gehen kann, und spätere Verhandlungen um eine solche Maßnahme und deren Aufhebung mit gemeinsamer Stimme geführt werden müssen, trifft man sich 1356 in Lübeck zum Ersten Allgemeinen Hansetag. Die Abgeordneten der Städte beauftragen aus ihren Reihen eine Gesandtschaft unter der Leitung des Lübecker Ratsherren Jakob Pleskow. Er soll im Namen aller Städte Verhandlungen mit dem Grafen von Flandern aufnehmen. Der Status der bis dahin unabhängigen städtischen Kaufmannsgenossenschaften im Kontor in Brügge ist damit aufgehoben und den Weisungsbefugnissen der Gemeinschaft aller vereinigten Städte unterworfen. Der Hansetag wird somit erstmalig zum Organ aller Städte im Ausland. Was in Brügge Beispiel macht, setzt sich schon bald in den anderen Kontoren fort. 1361 werden der Peterhof, die deutsche Niederlassung in Nowgorod, und 1374 der Stalhof in London der gemeinsamen Autorität unterstellt. Die Niederlassung in Bergen bedarf keiner Unterstellung mehr. Sie liegt seit ihrer Gründung im Weisungsbereich der wendischen Städte, die sie gegründet haben.

Die Gesandten des ersten Hansetages bringen aus Brügge keine wirksamen Zugeständnisse des flandrischen Grafen mit. Die Stadt, von den ständig steigenden Geldforderungen ihres Landesherren gebeutelt, versucht, durch erhöhte Steuern, Maklergebühren und durch die Erweiterung des Stapels auf Salz und Getreide ihre Einnahmen zu steigern. Eine zunehmende Währungsverschlechterung bedrängt die ausländischen Kaufleute, die ohnehin durch Straßen- und Seeräuberei im Umfeld von Brügge Schaden erleiden, den ihnen niemand ersetzen will. Lübeck beruft daraufhin im Frühjahr 1358 einen zweiten Hansetag ein. Zum ersten Mal erscheint in der Geschichte der Name von den „steden van der dudeschen hense". Mit dem Beschluß einer totalen Handelsblockade Flanderns demonstriert die Versammlung die Position ihrer Stärke, die in den kommenden Jahrhunderten wirtschaftspolitische Bedeutung haben wird. Eine Reihe von strengsten Maßnahmen und Kontrolleinrichtungen sollen den Handel sofort unterbinden. Die deutschen Kaufleute müssen Flandern noch bis zum 1. Mai 1358 verlassen haben. Ein totales Reise- und Verkehrsverbot wird verhängt. Das Kontor wird ins holländische Dordrecht verlegt. Der Versuch der Flamen, Köln als Blockadebrecher zu gewinnen, mißlingt. Trotz der Durchlässigkeit und der Umgehungsgeschäfte, die jede Boykottmaßnahme bis in unsere Tage beglei-

Die Miniatur aus dem 14. Jahrhundert zeigt Ludwig X. Er ist einer der letzten Herrscher in der Dynastie der Kapetinger.

ten, müssen sich die Flamen am Rande einer Hungersnot 1360 dem Zwang beugen und die alten Rechte zusammen mit Entschädigungsleistungen gewähren. Erst jetzt wird das Kontor in Brügge wieder besetzt.

Die Kölner Konföderation

Während die Hanse sich formiert und ihre gemeinsame Handelsmacht in Flandern demonstriert, entwickelt sich in Dänemark eine neue Gefahr. Waldemar IV. Atterdag, der 1340 die dänische Krone aufsetzt, steht vor dem aufgelösten Erbe seiner Väter. Das kleine Land hat sich finanziell nach den Eroberungen zu Beginn des 14. Jahrhunderts verausgabt. Waldemar beschreitet erfolgreich in 20jähriger Vorarbeit einen diplomatischen Weg, um die alte Stärke wiederzugewinnen. Schon kurz nach seiner Thronbesteigung verzichtet er auf ehemalige, durch Krieg seiner Väter eroberte Gebiete, verkauft dem Deutschen Orden seinen estländischen Besitz und erwirbt sich das Wohlwollen der Hanse. Doch als ihm genügend Mittel zum Aufbau eines Söldnerheeres und zur Kriegsführung zur Verfügung stehen, überfällt er 1360 Schonen, verweigert der Hanse dort die gewährten Privilegien, besetzt 1361 Gotland und plündert die Hauptstadt Wisby. Erneut auf den Plan gerufen, beschließen die Hansen in Koalition mit Schweden und Norwegen 1362 in Greifswald gegen Waldemar den Krieg. Eine hansische Armada mit 48 bewaffneten

Auf der Miniatur aus dem Jahre 1375 huldigen der dänische König Waldemar IV. und Königin Hellwig dem thronenden Gottvater und dem gekreuzigten Christus. Die friedliche Szene verrät nicht, daß Waldemar einer der gefürchtetsten Kriegsgegner der Hanse wird.

Der Dänenkönig Waldemar IV. Atterdag

Schiffen, davon allein 27 Koggen und etwa 6000 bis 8000 Mann, geführt vom Lübecker Bürgermeister Johann von Wittenborg, läuft 1362 im Sund ein. Mit schwerem Geschütz versucht sie, Waldemars Feste Helsingborg einzunehmen. Was den Belagerern in zwölf Wochen nicht gelingt, schafft Waldemar durch einen vernichtenden Blitzangriff auf die im Sund verwaiste Schiffsflotte. Die vom Rückzug abgeschnittenen Soldaten müssen ihre Niederlage mit einem schnellen Angebot zum Waffenstillstand eingestehen.

Die Hanse erleidet dadurch einen bedeutungsvollen Prestigeverlust, den Waldemar in den kommenden Jahren auszunutzen weiß. Aus der Position seiner Stärke und seiner taktischen Begabung versucht er, die nur äußerliche Einheitsfront der Hanse und ihrer Koalitionspartner immer wieder zu schwächen. Dabei nutzt er vor allem die unterschiedliche Haltung der Städte, die durch Zwangsabgaben und die Bereitstellung von bewaffneten Bürgern sowie das Handelsverbot gegen Dänemark belastet sind. So verhandelt er wechselweise mit dem Hochmeister des Deutschen Ordens, den Städten in Preußen und Pommern sowie den Landesherren in Holstein und Mecklenburg. Die Vermählung seiner Tochter Margarethe mit dem Sohn des norwegischen Königs Magnus Eriksson und die Aussöhnung mit den Schweden verschaffen ihm die notwendige Rückendeckung bei seinen skandinavischen Nachbarn. Als die Bedrohung durch Waldemar immer stärker anwächst und er sich auch in den niederländischen Bereich auszudehnen droht, wird 1367 ein Hansetag in Köln anberaumt.

Es ist der erste und einzige Hansetag in Köln, der im „Langen Saal" des Rathauses, dem heutigen „Hansasaal", am 19. November 1367 stattfindet. Nicht ohne Grund hat man Köln für die Versammlung der Städte ausgesucht. Die rheinische Metropole liegt am Schnittpunkt der Handelsstraßen und ist leichter von den zur Versammlung geladenen zuiderseeischen und holländischen Städten zu erreichen. Im übrigen versucht man Köln, das einen großen Einfluß vor allem auf die westfälischen Städte hat, für den Krieg zu gewinnen. Doch die westfälischen Städte sind nicht einmal angereist. Sie haben sich entschuldigt. Der Dauerstreit mit Dänemark ist offenbar mehr eine Sache der Ostseeanrainer. Sie sind aus Kölner und westfälischer Sicht direkter betroffen. Sie allein stellen auch die Schiffe, die Männer und Waffen, was die anderen Mitglieder allenfalls mitfinanzieren, wenn nicht gar in Frage stellen. Auch aus den holländischen Städten Amsterdam und Briel und aus Seeland sind Gesandte in Köln eingetroffen. Aus Kampen, Harderwijk und Elburg kommen die Vertreter der Zuidersee. Gesandte der wendischen Städte aus Wismar, Rostock, Stralsund und an ihrer Spitze Lübeck sitzen am Verhandlungstisch. Die wendischen Städte kommen auch in Vertretung der pommernschen und livländischen Hansestädte. Die Preußen sind aus Elbing, Thorn und Kulm angereist. Trotzdem Gesandte aus insgesamt 77 Städten dem Aufruf gefolgt sind, bleiben neben den Westfalen auch die wichtigen Städte Hamburg und Bremen dem Treffen fern. Zentraler Verhandlungsgegenstand des Hansetages ist die gemeinschaftliche Kriegserklärung gegen Waldemar und seinen norwegischen Schwiegersohn, König Hakon VI. Sie findet ihre Niederschrift in der Kölner Konföderation, der bis dahin engsten Bündniserklärung der Städte.

Im „Langen Saal" des Rathauses zu Köln findet 1367 der erste und einzige Hansetag zu Köln statt. In der „Kölner Konföderation" beschließt die Gemeinschaft der anwesenden Städte bei Stimmenthaltung Kölns den Krieg gegen den dänischen König Waldemar IV. Atterdag. Zur Erinnerung an die denkwürdige Sitzung heißt der Saal seit dem 19. Jahrhundert „Hansasaal". Er ist 30 Meter lang, 7,60 m breit und bis zu 9,58 Meter hoch.

„Um mancherlei Unrecht und Schaden, den die Könige dem gemeinen Kaufmann tun und getan haben, wollen die Städte ihre Feinde werden und eine der anderen treulich helfen. Welche Stadt von der wendischen Seite, von Preußen, von Livland und von der Deutschen Hanse im allgemeinen, von der Südersee, von Holland und von Seeland nichts dazu tun will, deren Bürger und Kaufleute sollen keine Gemeinschaft mehr haben mit allen Städten in diesem Bunde. Man soll ihnen nicht abkaufen noch verkaufen. In keinen Hafen sollen sie ein- oder ausfahren, laden oder löschen 10 Jahre lang."

Über den Rahmen dieser Kriegs- und Solidaritätserklärung hinaus wird in der Konföderation beschlossen, daß die Bestimmungen drei Jahre über den Zeitpunkt eines Friedensschlusses mit den genannten Königen hinaus uneingeschränkte Geltung haben sollen. Das Ziel ist erklärt, aber die Beteiligung der Binnenstädte durch die Ortswahl Köln ist nicht erreicht. Die Kölner bemühen sich zwar gastfreundlich um die Vertreter der Städte, nehmen an den Verhandlungen auch teil, leisten aber – da nicht direkt betroffen – außer der Beglaubigung der Gesandten und der Ausfertigung von Empfehlungsschreiben für die Vertreter des Bündnisses keine weiteren Beiträge.

Ein letzter diplomatischer Versuch, mit Waldemar ohne Krieg zu einer Einigung zu kommen, scheitert an seiner fortgeführten Angriffslust. Die Hanse erklärt ihm daraufhin den Krieg und setzt, um weitere Bundesgenossen zu bekommen, in einer schriftlichen Kampagne alle Landesherren in Norddeutschland, Kaiser Karl IV. und den Papst in Kenntnis. Als sich im Frühjahr 1368 Schweden, Mecklenburg, Holstein und dänische Adlige miteinander in Lübeck gegen Waldemar verbünden, ist der Zeitpunkt für den Angriff gekommen. Ostern stechen 37 Schiffe mit 2000 Soldaten in See. Einen Monat später ist Kopenhagen restlos zerstört, der Hafen wird unpassierbar gemacht. Die von allen Seiten des Landes angreifenden Truppen der Hanse und ihrer Bundesgenossen besetzen alle Inseln und nehmen Schlösser und Burgen ein. Ganz zuletzt erst, am 8. September 1369, fällt auch das Symbol der ersten Niederlage, die Festung Helsingborg, die jetzt zum Zeichen des Sieges die hansische Flagge trägt.

Im November des gleichen Jahres kommt es zum Waffenstillstand. In Abwesenheit des Königs Waldemar, der schon zu Beginn des Kriegs geflohen ist, um Verbündete gegen die Hanse zu suchen, besiegelt der dänische Reichsrat ein Waffenstillstandsabkommen. Bei hereinbrechendem Winter ist die Wehrkraft der Dänen am Ende. Ihre Schiffe sind zerstört und versenkt. Waldemar hat vergeblich um Hilfe ersucht. Am 17. Mai 1370 schließen die betroffenen 23 Küstenstädte von Reval bis Amsterdam mit den Abgeordneten des dänischen Reichsrates in Stralsund Frieden. In den Friedensverhandlungen, die bereits am 1. Mai begonnen haben, offeriert die Hanse kluge Bedingungen, die den Kriegsgegner zwar kontrollierbar machen, ihn aber nicht vernichten. Das Ziel der Hanse ist vor allem, den Markt Dänemark unter alten Bedingungen wiederzugewinnen, den Sund für den Kaufmann freizuhalten und die wichtigen schonenschen Gebiete für den Handel zu sichern. Um die Kontrolle über die politische Situation auf längere Sicht zu bewahren, sollen die dänischen Thronfolger Waldemars nur unter Einwilligung der Hanse gewählt werden. Während Norwegen sich dem Friedensschluß auch unterwirft, macht die Hanse kurzen Prozeß mit Schweden, England und der Wallonie. Sie werden vom Handel auf Schonen ausgeschlossen, weil sie im Krieg ihre Unterstützung verweigert haben.

Mit der Rückgabe der Sundschlösser im Jahre 1385 hat die Hanse die Kölner Konföderation beendet und ein Zeichen der Stärke gesetzt. Wirtschaftlich ist sie damit unbestrittene Großmacht. Über die schwierigen politischen Verhältnisse der einzelnen Landeshoheiten hinweg hat sie souverän ihre Interessen verteidigt. Sie hat den Friedenswillen bewiesen, sich gegen die verbündeten Fürsten gestellt, die eigentlich den Krieg fortsetzen wollten. Mit dem Frieden von Stralsund ist der Bund der Städte über Kirche und Staat hinaus zu einer bedeutungsvollen Kraft gewachsen. Zu diesem Zeitpunkt beginnt auch die Blütezeit der Hanse. Das gilt jedoch mehr für den Handel als für die politischen Verhältnisse, denn wechselhafte Veränderungen werden den Städtebund immer wieder herausfordern und ihn ab jetzt zwingen, das Erreichte zu verteidigen.

Die „Neun guten Helden“ aus der römischen, jüdischen und der christlichen Zeit auf der Stirnseite des Hansasaales im Kölner Rathaus.

Konkurrenzkämpfe auf allen Seiten

So steht die Hanse mit dem Frieden von Stralsund nur einen Moment lang auf dem Gipfel ihrer Macht, denn das skandinavische Gebiet bleibt in der Folge ein dauernder Unruheherd. Die kommenden Jahre sind gezeichnet von Thronstreitigkeiten, bei denen die Einmischung der hansischen Politiker mehr Unfrieden stiftet, als einen notwendigen Ausgleich herbeiführt. Die politische und wirtschaftliche Überlegenheit der Hanse, die als aufgezwungene Konkurrenz empfunden wird, führt zu zahlreichen Aufständen. So spaltet sich die schwedische Bevölkerung, die mit zahlreichen Deutschen durchsetzt ist, gegen Ende des 14. Jahrhunderts in zwei Lager. Im norwegischen Bergen führt im 15. Jahrhundert die Übermacht der Deutschen zu blutigen Aufständen. Die Trotzbündnisse der Skandinavier mit den Hansekonkurrenten England und Holland geben den wechselnden Anlaß für Kriege und gegenseitige Kaperfahrten. Die ungehinderte Durchfahrt durch die nordische Meeresenge bleibt ein allseits umkämpftes Thema in der Geschichte der Hanse.

In Stralsund schließt die Hanse mit Dänemark am 17. Mai 1370 Frieden. Er leitet die Blütezeit des Handels ein und sichert den Hansestädten die Macht über die Ostsee.

Auch an der Südküste der Ostsee bahnen sich weitgehende politische Veränderungen an. Durch die Auswirkungen der Pest versiegt der Strom der Ostsiedler in der Mitte des 14. Jahrhunderts langsam. Christianisierung und Landerschließung, die wesentlichen Aufträge des Deutschen Ordens, haben einen vorläufigen Abschluß gefunden. Der zentralistisch geführte mächtige Ordensstaat ergeht sich in zunehmender Hegemonialpolitik. Nach innen haben es die Hochmeister nicht verstanden, sich mit dem Adel und dem nach Selbständigkeit trachtenden Bürgertum zu verbünden. Dem Selbstbewußtsein der aufstrebenden Städte begegnen sie nur mit der Forderung nach widerspruchslosem Gehorsam. Die eigensinnige Handelspolitik des Ordensstaates steht oft im Gegensatz zu den Interessen der preußischen Städte auf dem eigenen Territorium. Auch die Hanse blickt mit Mißtrauen auf den Machtzuwachs der Ordensritter.

Sonderprivilegien und Verträge, die sich die Hochmeister beizeiten gesichert haben, verhindern direkte wirtschaftliche Aktivitäten der Hanse in Polen und Litauen. Der Warenaustausch läuft fast ausschließlich über die preußischen und livländischen Städte, während die holländischen, englischen und oberdeutschen Konkurrenten, zusätzlich durch Polen gefördert, vor Ort direkt aktiv werden können.

Die Einnahme Gotlands im Jahre 1398 erfolgt unter dem fadenscheinigen Vorwand, man wolle den dort stationierten Seeräubern ein Ende bereiten, was die Angst der Hanse und der an den Ordensstaat angrenzenden Länder nährt. Vor allem Polen, das gegen Ende des 14. Jahrhunderts durch die Vereinigung mit Litauen zur Großmacht aufsteigt, sieht sich herausgefordert. In langjährigen blutigen Auseinandersetzungen unterliegt der Deutsche Orden der polnischen Streitmacht und verliert nach dem Frieden von Thorn 1466 seine Macht. Der mächtige geistliche Staat wird in ein weltliches Herzogtum unter polnischer Lehnshoheit umgewandelt. Die Hanse, die eines ihrer streitbarsten Mitglieder verliert, kann aufatmen. Aber die preußischen Städte verlieren unter der Last der Kriegsvergangenheit bis auf Danzig ihre Kraft für einen wirtschaftlichen Neubeginn.

Auch im Westen des hansischen Handelsraumes gibt es Unruhe und politische Bewegungen. Der Krieg zwischen England und Frankreich ist in vollem Gange. Das als Kriegsschauplatz geschwächte Flandern, dem immer mehr Kaufleute den Rücken kehren, geht mit Luxemburg, Brabant und Holland in einem großburgundischen Staat auf. Damit er-

Das „Ostersche Haus" der Hanse in Antwerpen. Auf einem Grundstück von über 5000 qm entsteht 1564–68 der prächtige Renaissancebau. Noch bevor er fertiggestellt ist, wird die Stadt vom spanischen Erbfolgekrieg heimgesucht. Viele der ansässigen Kaufleute fliehen nach Köln.

wächst der Hanse einer ihrer schärfsten Konkurrenten. Das Verhältnis zu der neuen zentralistischen Macht ist gespalten. Während Holland besonders mit finanziellen Zuschüssen aus dem burgundischen Staatshaushalt einen Konkurrenzhandel zur Hanse aufbauen kann, ist Flandern als Kriegsschauplatz benachteiligt. Sein wichtigster Handelsplatz Brügge liegt im ständigen Konflikt zwischen hansischen und burgundischen Interessen. Einerseits braucht man dringend die internationalen Handelsmärkte in Brügge, Gent und Ypern, andererseits finden die Kaufleute unter ständiger Bedrohung gegen sich und ihre Ware keinen Freiraum mehr für ihren Handel. Auch eine erneute Kontorsverlegung von 1388 bis 1392 nach Dordrecht erweist sich langfristig nur als stumpfe Waffe, die zwar Flandern vorübergehend schädigt, aber die holländisch-burgundischen Konkurrenten dafür um so mehr stärkt. Unter den kriegsbedingten Wirren ziehen viele Kaufleute von Brügge ganz weg.

Die Brügger Kaufleute bauen sich – wie die Kölner – in Antwerpen einen neuen Standort auf. Die Hafenanlagen sind, insbesondere für schwere Güter, ohnehin besser als in Brügge, wo ein aussichtsloser Kampf gegen die Versandung des Swin stattfindet. Die Freihandelsverhältnisse in Antwerpen begünstigen den raschen Neubeginn. Keine Kontorsstatuten oder strenge Stapelzwänge wie in Brügge behindern den freien Kaufmann. Viele der Hansekaufleute lassen ihre Familien nachziehen, erwerben Grundstücke und Häuser und gründen Handelsgesellschaften. Inzwischen verwaist das Brügger Kontor. Die Zahl seiner Ältermänner, die an der Spitze der Niederlassung stehen, wird halbiert, und die Geschäfte laufen wesentlich schlechter. Die Führungsschichten und Strukturen der Hanse erscheinen in Überalterung erstarrt. Man ist unfähig zu erkennen, daß sich die Verhältnisse verschoben haben, daß ein modernes Wirtschaftsleben nicht auf Gedeih und Verderb auf die Anweisungen einer einzigen Kontorszentrale angewiesen sein kann. Neue Leitlinien sind nicht in Sicht. Die Zunahme der Dezentralisierung des Handels ist einer der Gründe für das spätere Ende der Kontore.

Als die Ältermänner des Hansekontors in Brügge erst Mitte des 16. Jahrhunderts ihren Kaufleuten nach Antwerpen folgen, ist es zu spät für ein Festhalten an alten Statuten. Der Versuch, die Brügger Verhältnisse an der Schelde zu erneuern, mißlingt. Weder der prachtvolle Renaissancebau des „Osterschen Hauses", der zum Zentrum der hansischen Aktivitäten werden soll, noch der Aufruf, die Geschäfte wie früher in der Disziplin und Ordnung hinter den festen Mauern dieses neuen Kontors abzuhalten, stoßen auf Akzeptanz. Auch Heinrich Sudermann, Doktor der Rechte und Kölner Patrizier, der seit 1556 das neu geschaffene Amt des „Syndikus" der Hanse bekleidet und sich redlich um Antwerpen bemüht, kann die Städte nicht mehr zur alten Solidarität bewegen.

Den Rest erledigt die Geschichte. Noch während der Bau des „Osterschen Hauses" in Antwerpen in Gang ist und sich Sudermann verzweifelt um die Finanzierung des neuen Hauses bemüht, bricht über die Niederlande der Spanische Erbfolgekrieg herein. Die Kaufleute treten die Flucht aus der Stadt an. Viele von ihnen suchen in Köln Zuflucht.

Unter den Wirren des Krieges zwischen England und Frankreich und durch die Behinderung des hansischen Handels ist Holland erstarkt. Seine Handelsaktivitäten von Amsterdam, Utrecht und Dordrecht aus reichen weit in das angestammte Gebiet der Hanse und darüber hinaus. Mit einer eigens aufgebauten Tuchindustrie und modischen Tuchqualitäten stellen sich bald große Handelserfolge ein. Holländischer Hering und viele andere Fischsorten sind begehrte Handelswaren im Hanseraum. Als Meister im Schiffbau erreichen die Holländer die Weiten von Ost- und Nordsee. Über die Flüsse gelangen sie in alle inländischen Handelsräume. Unter den Herzögen von Burgund, die die kleinen niederländischen Territorien vereinigt haben und zentralistisch dirigieren, erwächst

Tintenverkäufer

der Hanse die bisher stärkste Konkurrenz. Alle dirigistischen Maßnahmen wie Kontorsverlegung und Handelsblockaden haben ihre Wirkung durch die neue politische Situation verloren oder sind nicht mehr durchführbar. Vorsprünge im Handel verschafft sich Holland immer wieder durch die Unterstützung von Gegnern der Hanse oder Untergrabung der Solidarität der Hansestädte. So erhält Dänemark Beistand im Kampf um Schleswig und der Deutschen Orden dient Holland seine Frachtschiffe an.

Die Engländer reagieren wie die Holländer erst spät auf die Aktivitäten der Hanse und dringen jetzt im 15. Jahrhundert verstärkt in hansische Märkte ein. Sie haben von der Organisation gelernt, schließen sich zu eigenen Genossenschaften zusammen, gründen Niederlassungen mit Selbstverwaltung und eigenen Statuten in den Niederlanden und im Ostseegebiet. Auf den Schonenschen Messen treten sie als harte Konkurrenten an. Blockaden gegen die Engländer seitens der Hanse führen nur zu Unmut und Kaperangriffen der „Merchant Adventurers", wie sich die neuen selbstbewußten Kauffahrer der britischen Insel nennen. Trotz aller Benachteiligungen, die sie gegenüber den ausländischen Kaufleuten im eigenen Land erdulden müssen, ist es ihnen gelungen, eine leistungsfähige Tuchindustrie aufzubauen und der Schiffahrt zum Glanz zu verhelfen.

Politisch hat sich das Bild in England ohnehin geändert. Die neue parlamentarische Demokratie steht auf Seiten der Unternehmer. Einflußreiche Kaufleute haben Sitze im Parlament. Das Bündel königlicher Privilegien für die ausländische Konkurrenz verliert immer mehr an Kraft. Der sich in ganz Europa ausbreitende Drang nach Freiheit im Handel steht gegen die alten Monopolisierungsbestrebungen der Hanse. Sie will noch immer überall begünstigt unter Ausschluß der Konkurrenz agieren, ohne den Handelspartnern echte Gegenleistungen einzuräumen. Beiderseitige Übergriffe auf Kaufleute, Schiffsgut, Arrestierungen und Unruhen im Stalhof führen zum Hansisch-Englischen Krieg.

Köln betreibt ungeachtet dieser Streitigkeiten von 1469–1474 eine Sonderhanse, während die anderen Mitglieder des Städtebundes sich solidarisch zeigen und England den Rücken kehren. Köln muß seinen Eigensinn teuer bezahlen mit der „Verhansung", dem Ausschluß aus der Hanse mit allen Privilegien. Im Juli 1473 wird mit dem Frieden von Utrecht ein Schlußstrich unter den unseligen Deutsch-Englischen Kaperkrieg gezogen. Der Hanse gelingt damit ein letzter großer Sieg in ihrer Geschichte. Doch es ist ein Sieg, der nicht mehr die Kraft hat wie der Triumph von Stralsund, denn die Verhandlungen fallen in eine Zeit der innenpolitischen Unruhen in England.

Im Streit um die Thronfolge zwischen den Häusern Lancaster und York überzieht ein blutiger Machtkampf das Land. Der Ausfall der Tuchumsätze durch die deutsche Blockade erzeugt einen Aufstand der Tuchmacher, die nach Wiederaufnahme der Handelsbeziehungen drängen. Die Vereinbarungen von Utrecht manifestieren die neue Handelssituation. Die Hanse erhält zwar ihre englischen Niederlassungen zurück und hat einen Anspruch auf Schadensersatz, sie muß aber im Gegenzug den Engländern Handelsprivilegien für die Ostsee gewähren. Trotz allem wird es noch Jahre dauern, bis die Repressalien gegen die englischen Hansen aufhören.

Köln ist durch den Frieden von Utrecht hart getroffen. Die Stadt steht durch die Einigung zwischen England und der Deutschen Hanse, deren Mitglieder noch einmal Zusammenhalt zeigen, allein. Seine Kaufleute müssen unmittelbar nach dem Friedensschluß den Stalhof verlassen. Kölns Wiederaufnahme in die Hanse gelingt erst zwei Jahre später auf einem Hansetag in Bremen, und die Rückkehr zum Stalhof kann erst nach bedingungsloser Unterwerfung erfolgen.

Kohlverkäuferin

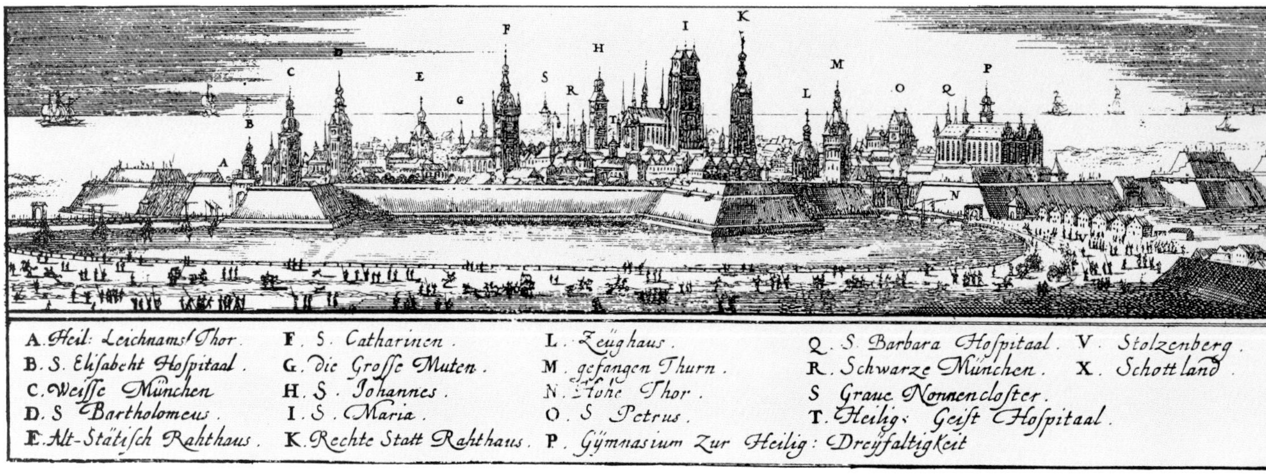

Die Hafenstadt Danzig, der wichtigste Handelsplatz für den Warenaustausch zwischen Ost- und Westeuropa, ist die Wortführerin der preußischen Hansestädte. Lange steht sie unter der Herrschaft des Deutschen Ordens.

Der Frieden von Utrecht bringt noch einmal eine vorübergehende Ruhe in den Handel um Nord- und Ostsee, gibt aber vor allem der hansischen Konkurrenz die Möglichkeit, ungehindert ihre Geschäfte auszudehnen. Besonders Holland, England und jetzt auch die Kaufleute aus Oberdeutschland greifen immer stärker in die angestammten Handelsgebiete der Hanse ein. Sie haben in vieler Hinsicht von kaufmännisch-organisatorischen Erfolgen des Städtebundes gelernt. Von den kolonisatorischen Bemühungen im Osten, wo eine neue leistungsfähige Infrastruktur entstanden ist, ernten jetzt auch sie die Früchte. Die neuen Schiffe aus ihren Werften übertreffen die Leistungsfähigkeit der hansischen Koggen. Zudem revolutionieren Schriftverkehr und eine moderne Geldwirtschaft den Handel.

Auch die Hanse dehnt sich auf neuen Märkten aus. Ihre Schiffe fahren entlang der Atlantikküste in Richtung Süden. Spanien und Portugal haben sich zu reichen Kolonisationsmächten entwickelt, die Waren aus ihren eroberten überseeischen Gebieten anbieten und gute Absatzmärkte sind. Doch die Konkurrenz ist überall anzutreffen und profitiert vor allem von den Schwachstellen der Hanse. Konnte diese lange den Zustand politischer Zersplitterung im Norden und Westen Europas für sich nutzen, so treten ihr jetzt neue Handelsmächte entgegen, die eine geballte Wirtschaftskraft hinter sich vereinigen. Könige und Fürsten, wie das Haus Burgund, dulden weder einseitige Privilegien noch die von der Hanse angestrebte Zentralisierung des Handels an einem Platz. Der flandrische Stapel in Brügge ist ihnen ohnehin ein Dorn im Auge, und zur Umgehung ihrer politischen Pflichten unterstützen sie lieber die dezentralistisch erfolgreiche Handelspolitik der Holländer, die über so leistungsfähige Städte wie Amsterdam, Deventer oder Utrecht ins Geschäft kommen.

Als eine gewaltige Handels- und Finanzmacht erweisen sich auch die Oberdeutschen, allen voran die Fugger mit ihren traditionellen Beziehungen zu den Mittelmeerländern und zu Osteuropa. Ab 1500 brechen sie verstärkt in die angestammten Hansemärkte ein und nutzen besonders die profitabelsten Waren, um sich Schlüsselstellungen aufzubauen. Im Pelzhandel und im Umgang mit Edelmetallen zeigen sie bald Erfolge. Es gelingt ihnen, den ungarischen Kupferexport, der über Danzig nach Antwerpen geht, an sich zu reißen. Die in Schrecken versetzte Hanse beschließt daraufhin 1511 auf einem Hansetag das Verbot des Transithandels für die Oberdeutschen. Aber der Protektionismus ist eine stumpfe Waffe und stößt selbst in den eigenen Reihen nicht mehr auf Solidarität. Hamburg und Danzig, Städte mit besten oberdeutschen Handelsbeziehungen, nehmen den Beschluß des Hansetages nicht an. Mangelnde Solidarität wuchert inzwischen wie ein Krebsgeschwür unter den Städten.

Nach der Einnahme Nowgorods durch Iwan den Großen und der Schließung des Peterhofes hat sich der Osthandel auf die livländischen Städte Narva, Riga, Reval und Dorpat konzentriert, wo jetzt auch Holländer und Oberdeutsche verstärkt aktiv sind. Der rasche wirtschaftliche Aufstieg der Hafenstädte gründet auf Protektionismus, da das Handelsverbot, das für Kaufleute in fremden Städten gilt, sich nicht nur auf Ausländer, sondern auch auf die Mitglieder anderer Hansestädte erstreckt. Protestaktionen gegen solche Maßnahmen verlaufen im Sande, denn andere Hansemitglieder sind längst dem eigenen Egoismus verfallen. So verstoßen Hamburg und Bremen zum Schaden des norwegischen Handelsplatzes Bergen gegen das Islandfahrverbot, und Lübeck selbst hat mit seinen wendischen Nachbarstädten den norwegischen Stockfischhandel monopolartig an sich gerissen.

Die Reformation

An der Wende zur Neuzeit setzen tiefgreifende politische, kulturelle und wirtschaftliche Veränderungen in der Entwicklung Europas ein. Die Eroberungsfahrten der Spanier und Portugiesen, die Entdeckung und Erschließung Amerikas und Indiens sprengen das alte wissenschaftliche und politische Weltbild. Sie schaffen ebenso neue Perspektiven und Hoffnungen für Wirtschaft und Handel. Die Welt der Hanse, das weitgehend auf den Norden Europas beschränkte Handelsgebiet, erscheint auf einmal klein und begrenzt. Mit der Reformation Luthers bricht eine Revolution über das Leben Europas herein, die auch deutliche Spuren in der Hanse hinterläßt. Sie setzt Entwicklungen in Gang, an deren Ende statt der mittelalterlich-kirchlichen Einheit ein säkularisiertes europäisches Staatensystem steht. Die Gründe hierfür sind vielfältig. Der über Jahrhunderte hinweg zusammengetragene Reichtum der Kirche hat zu einer Verflachung ihrer geistlichen Angaben geführt. Die Befreiung von Steuer- und Abgabepflichten und auch von der weltlichen Gerichtsbarkeit leistet diesem Zustand großen Vorschub. Klöster und kirchliche Einrichtungen sind Stätten weltlicher Bereicherung. Jeder neunte Einwohner Deutschlands ist inzwischen Kleriker. Die sakralen Dienste sind unpersönlich. Die Heiligenverehrung und die zunehmenden Reliquiengeschäfte arten zu einer Farce aus. Der Ablaßhandel, entstanden durch das Geldbedürfnis des hohen Klerus, begründet mit dem Argument, sich von Sündenstrafen freikaufen zu können, durchzieht das gesamte Abendland. Er gilt als einer der wesentlichen Auslöser für die Reformation Luthers. Ein allgemein steigender Wohlstand der städtischen Bevölkerung hat zudem eine innere Unruhe und Lebensängste hervorgerufen und neue Wertvorstellungen geschaffen, auf die eine entwurzelte Kirche keine Antwort weiß.

Luthers Angriff auf die Verwahrlosung der Kirche mobilisiert alle Stände und gesellschaftlichen Klassen. Zahlreiche Städte und Landesherren schließen sich der neuen Lehre an. Die Mehrzahl der protestantischen Stände tritt zu ihrem Schutz dem „Schmalkaldischen Bund“ bei. Kaiser Karl V. kämpft als Katholik zwar für die Beseitigung kirchlicher Mißstände, kann sich aber letztlich gegen die Lehre Luthers nicht durchsetzen. Durch außenpolitische Gefahren, wie sie unter anderem von den Türken drohen, ist er auf die Zustimmung seiner Fürsten angewiesen. Die Programmschrift Luthers „Von der Freiheit eines Christenmen-

Martin Luther als Augustinermönch. Kupferstich von Lucas Cranach d. Ä. (1520).

schen“ wird von einfachen Bürgern und Bauern eher politisch aufgenommen. Im 1524 beginnenden Bauernkrieg entlädt sich über weite Teile Deutschlands der Haß gegen den Abgaben- und Frondruck der Grundherren.

Die Reformation bringt auch der Hanse erneute Schwierigkeiten. Sie sät Unruhe im ganzen Land und fördert die Gegensätze zwischen den Städten. Die 1525 auf dem Hansetag beschlossene Ablehnung der neuen Lehre bleibt in der Praxis wirkungslos. Ein erneuter Hansetag im gleichen Jahr billigt den Städten die eigene Verantwortung für ihre religiösen Entwicklungen zu.

Zu den blamabelsten Ereignissen für die Hanse während der Reformationszeit trägt ausgerechnet ein Lübecker Bürgermeister bei. Jürgen Wullenwever, 1533 in sein Amt gewählt, ist begeisterter Anhänger der Lehre Luthers. Der aus Hamburg stammende Kaufmannssohn hat in Lübeck rasch politische Karriere gemacht und das patrizische Stadtregiment entmachtet. Seine überzeugende Rhetorik und sein Organisationstalent bringen ihm zwar taktische Erfolge ein, strategisch gesehen aber verhält er sich wie ein Hasardeur. Sein großartiger Plan, der Hanse zur Herrschaft über den Sund zu verhelfen, die Holländer aus der Ostsee zu verbannen und ein großes nordisches Reich unter der Führung von Lübeck zu schaffen, erweisen sich als Größenwahn. Er will die wieder einmal ausgebrochenen Streitigkeiten um den nordischen Thron nutzen und einen Keil zwischen die holländisch-dänische Allianz treiben. Doch

Das Flugblatt aus dem Jahre 1620 zeigt den Streit der Konfessionen. Neben Luther, dem Papst und Calvin, die sich in theologischen Streit verwickeln, steht der nach einfacher Frömmigkeit strebende Gläubige.

die Beteiligten erkennen schon bald die Hinterlist. Bei den anderen Hansestädten erntet er statt Hilfe Skepsis und Ablehnung, vor allem von den preußischen Städten, die inzwischen gewachsene Handelsbeziehungen zu den Holländern unterhalten. Trotzdem stürzt sich Wullenwever in das Abenteuer. Am Anfang noch von Erfolgen durch die Einnahme Kopenhagens, mehrerer dänischer Inseln und schließlich des Sunds verwöhnt, verhindert schon die knapp bemessene Kriegskasse die Umsetzung weiterer Pläne. Die ungebrochene Allianz seiner Gegner setzt dem Vorgehen ein rasches Ende. Auf seiner unermüdlichen, international ausgedehnten Suche nach Bundesgenossen wird er gefangengenommen, zu einem Geständnis gefoltert und enthauptet. Die Ereignisse während der kurzen Amtszeit entblößen das Ansehen der Hanse und machen ihre Ohnmacht und Zerrissenheit deutlich.

Der Kölner Heinrich Sudermann, Syndikus der Hanse

Wappen der Familie Sudermann

Wie gelähmt erscheint die Hanse in ihrer Funktion und Tätigkeit nach 1550. An allen Seiten geschwächt, sind ihre Bemühungen um Zusammenhalt weitgehend wirkungslos. Um den individuellen Interessen der zerstrittenen Städte gerecht zu werden, wird die bisherige Drittelteilung unter der Führung von Dortmund und später Köln, von Lübeck und Wisby im Wechsel mit Riga zugunsten einer Neuaufteilung in vier Quartiere aufgegeben. Die Leitung übernehmen Lübeck, Danzig, Braunschweig und Köln. Die Wiederbelebung der „Tohopesate", der Verpflichtung zur Erbringung von gemeinsamen Leistungen bei Krieg, Seeraub, Meuterei und Hinterbliebenenfürsorge, bleibt kaum mehr als eine gut gemeinte Absicht auf Papier. Ebenso ergeht es dem Vorhaben, eine Bundeskasse einzuführen. Sie kann in der Folge eher Forderungen gegen die Städte als Einnahmen verbuchen. Einer der letzten großen Beschlüsse gilt der Einführung einer geschäftsführenden Stelle, die gemeinsame Interessen wahrnimmt, angefangen bei der Administration der Hansetage bis zu Rechtsfragen und diplomatischen Diensten.

Mit den Aufgaben eines „Syndikus der Hanse" betraut der Städtebund 1556 Dr. Heinrich Sudermann, einen Kölner Patrizier und Mitglied der juristischen Fakultät der Universität Köln. Zu den Aufträgen, die ihm die Hanse 1576 stellt, ein Rechtsbuch für die Seefahrt vorzubereiten, ein Urkundenverzeichnis anzulegen und die Chronik der Hanse aufzuzeichnen, wird er nur selten kommen. Auf weit über 50 diplomatischen Reisen quer durch Europa versucht er im Interesse des Bundes die Reste der angeschlagenen Gemeinschaft zusammenzuhalten, Kontakte zu erneuern und zu bewahren. Die verwandtschaftlichen Beziehungen zu Antwerpen – sein Vetter ist dort Bürgermeister – tragen wohl auch zu seiner Wahl bei. Seine verzweifelten Bemühungen um einen neuen Kontorstatus scheitern am fehlenden Zusammenhalt und an den politischen Realitäten, die inzwischen eingetreten sind. Für eine uneigennützige Haltung Sudermanns gegenüber der Hanse spricht die Tatsache, daß er trotz seiner Zugehörigkeit zu Köln eher seinem Amtsauftrag als den egoistischen Interessen seiner Heimatstadt Folge leistet. So stellt er sich nachdrücklich gegen Köln und Hamburg, weil beide Städte einen Bündnisvertrag zwischen England und den Niederlanden verhindern wollen. Als er 1591 auf dem Lübecker Hansetag stirbt, findet sich für den Unermüdlichen lange Jahre kein Ersatz. Erst 14 Jahre später wird Johann Doman aus Stralsund zum Nachfolger gewählt.

Der Niedergang des hansischen Handels

Nach den abenteuerlichen Taten Wullenwevers ist der Spielraum für die Hanse immer kleiner geworden. Hartnäckiger werden auch die Handelsgegner. Unter dem englischen König Heinrich VIII. (1491–1547) finden die Städte noch erträgliche Verhältnisse vor. Mit Königin Elisabeth I. (1533–1603) schließlich brechen andere Zeiten an. Unter ihr wächst Britannien zu einer der stärkstens Handels- und Seemächte auf. „Merchant adventurers" genießen ihre besondere Förderung, zumal die Hanse die im Frieden von Utrecht zugesagten Gegenseitigkeiten im Handel immer noch verweigert. Trotzdem schaffen es die englischen Kaufleute, sich in weiten Küstenabschnitten von Ost- und Nordsee Geltung zu verschaffen und Niederlassungen aufzubauen. Selbst Hamburg gibt den Engländern die Erlaubnis einer eigenen Niederlassung. 100 Jahre vorher wäre ein solcher Vorgang sofort mit einer Verhansung der Stadt bestraft worden. Jetzt ist die Hanse allenfalls zu scharfen Protesten in der Lage. Die

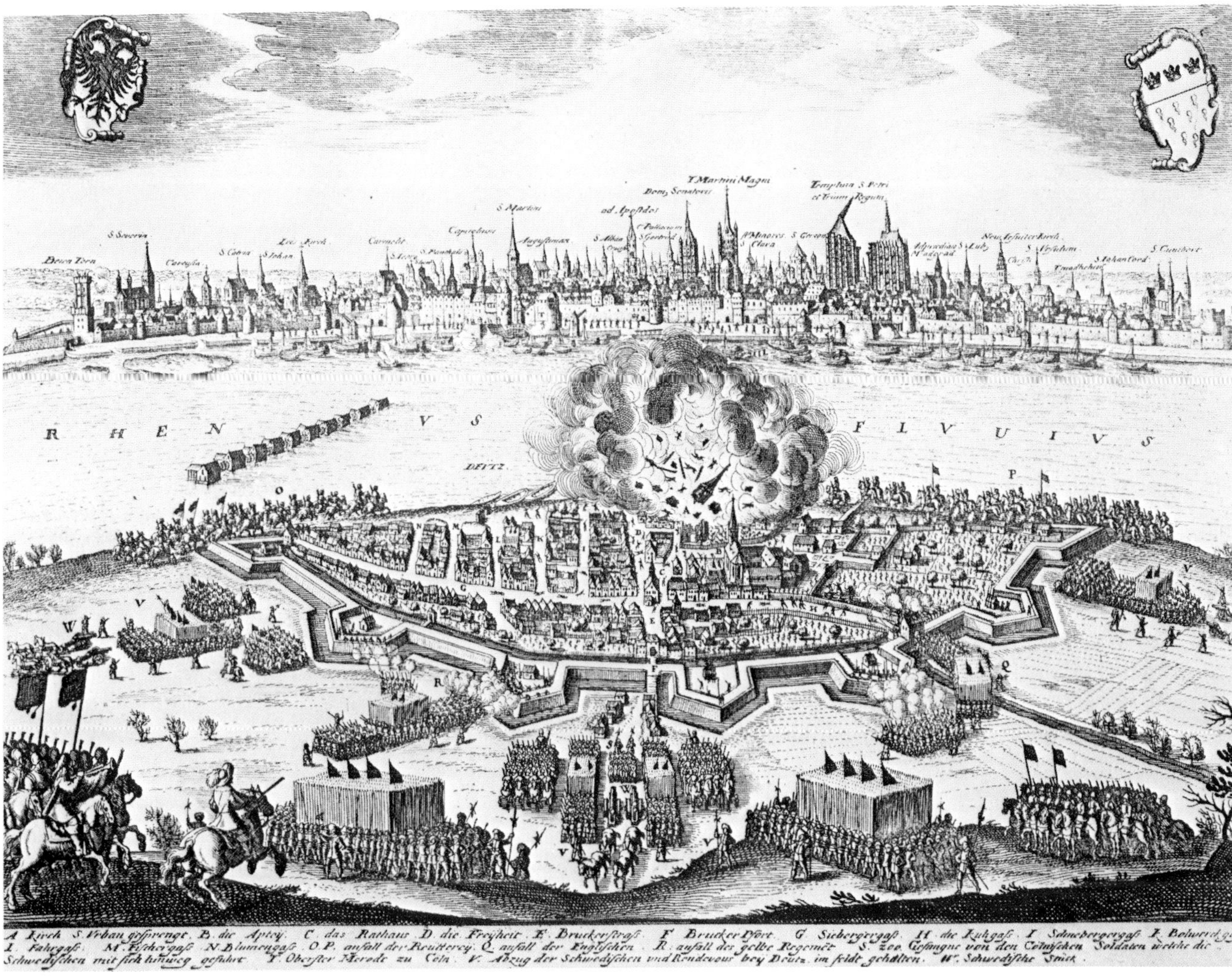

Der Kupferstich von Matthäus Merian d. Ä. zeigt den Angriff der Schweden auf Deutz 1632, während des Dreißigjährigen Krieges. Die Kirche St. Urban, in der die Schweden ihre Munition lagern, wird in die Luft gesprengt.

deutsch-englische Spannung wächst, als 1589 der berühmte Francis Drake 60 Schiffe der Hanse vor der iberischen Küste kapert und die Deutschen in Verdacht geraten, Englands Feind Spanien zu unterstützen. Nach endlosen Überlegungen über geeignete Gegenmaßnahmen wird England 1597 vom Handel im Deutschen Reich ausgeschlossen. Elisabeth reagiert auf diese hansische Maßnahme sofort. Sie läßt den Stalhof schließen. Trotzdem er 1606 wieder freigegeben wird, liegt der deutsche Englandhandel am Boden. Alle Handelsprivilegien werden gestrichen.

Auch die Situation in Skandinavien verändert sich immer mehr zum Nachteil. Dänische Könige unternehmen alles, um die deutsche Händlerschaft zu schädigen. Privilegienentzug und Bevorzugung der Holländer und Engländer gehören zu den Waffen gegen die Hanse. Im Osten erweitert 1560 Iwan durch seine Eroberungsfeldzüge das russische Reich. Livland und Narwa nimmt er im Kampf ein, und fünf Jahre später zerstört er Dorpat. In Reval und Estland rücken die Schweden unter ihrem König Wasa ein. In Narwa hat sich seit dem Ende des Kontors von Nowgorod der Osthandel konzentriert. 1562 konfisziert Wasa dort die lübischen Schiffe. Lübeck rafft sich 1563 zur Vergeltung noch einmal zu einem Krieg auf. Die Beteiligung am nordischen „Dreikronenkrieg", ausgerechnet auf der Seite des Erzgegners Dänemark, bringt der Stadt nach sieben Jahren kaum einen Gewinn. Schon kurz nach den Friedensverhandlungen wiederholt Schweden seinen Angriff auf die lübische Kaufmannsflotte in Narwa, worauf der Stadt nur noch die Kraft zu Protesten bleibt. Mit der Eroberung von Narwa 1581 und von Livland 1629 tritt

Der Kupferstich von Abraham Hagenberg von 1635 zeigt den sagenumwobenen und von den Kölnern verehrten Reiterführer Jan van Werth. Auf der Seite der kaiserlich-katholischen Liga kämpft er im Dreißigjährigen Krieg in vielen Feldzügen zum Schutz von Kirche und Reich. In der Kölner Gereonstraße besitzt er ab 1636 ein Haus.

Schweden als Beherrscher der Ostsee auf. Die Macht der Hanse im Außenhandel ist so gut wie verloren.

Der Dreißigjährige Krieg (1618–1648) beendet die Geschichte der Hanse. Die Glaubensspaltung hat Gegensätze und Machtpläne heraufbeschworen und einen Druck erzeugt, der sich in zahlreichen verheerenden Schlachten zu lösen versucht. Der Beginn der Auseinandersetzungen zeichnet sich als Religionskampf ab zwischen der „Liga" der katholischen Fürsten, die auf der Seite des habsburgischen Kaisers stehen und der „Union" der evangelischen Reichsstände. In der Etappe des Krieges von 1618–29 verbuchen der Kaiser und seine fürstlichen Bundesgenossen den Sieg und gewinnen bedeutend an Macht im Reich. Im Abschnitt von 1630–35 tritt Gustav II. Adolf von Schweden zur Rettung des deutschen Protestantismus, aber auch mit dem Ziel, die Macht über die Ostsee zu gewinnen, seinen Eroberungsfeldzug an. 1635 greift auch Frankreich an der Seite Schwedens ein; der Krieg ist nun nicht mehr vom Religionsstreit, sondern von blindwütigem Haß auf das Habsburger Reich geprägt. Erst 1648 endet der Kampf mit dem Westfälischen Frieden zu Münster. Frankreich erhält seine Rheingrenze, Schweden werden der vordere Teil Pommerns mit Rügen, Wismar und Stettin, das Herzogtum Bremen und damit die Macht über die Mündungen von Weser, Elbe und Oder zugesichert. Die Niederlande scheiden aus und werden wie Frankreich und Schweden zu einer neuen Großmacht. Europa ist befreit von der Gefahr einer habsburgischen Alleinherrschaft. In Deutschland siegen endgültig die Fürsten über die kaiserliche Zentralgewalt und bilden in der Folge eine Kleinstaaterei, die sowohl politisch als militärisch das Ende der Großmacht Deutschland bedeutet.

Die Hanse wird mit der neuen Situation nicht mehr fertig. Die Fürsten haben die Städte fest im Griff, lediglich die reichsfreien Städte wie Hamburg, Lübeck oder Köln bleiben dem direkten Zugriff verwehrt. Viele andere Hansestädte und ihr Umfeld sind zerstört. Die nach dem Frieden von Münster angesetzten Hansetage werden entweder verschoben oder nur noch von wenigen Städten besucht. 1669 findet ein letzter Hansetag in Lübeck statt. Neben Lübeck, Hamburg, Braunschweig, Bremen und Danzig nimmt auch Köln daran teil. Er endet ohne greifbare Ergebnisse in der Erkenntnis politischer und wirtschaftlicher Ohnmacht.

Der Name Hansestadt ist lediglich drei Städten geblieben. Hamburg, Lübeck und Bremen haben sich 1630 zu Beginn des schwedischen Angriffs getroffen, um miteinander ein enges Bündnis zu schließen und sich gegenseitigen Beistand zuzusichern. Dieser Pakt hat von den Wirren des Dreißigjährigen Krieges bis in unsere Tage überdauert. Im Namen und in der Verbindung der drei Städte leben die Tradition und der Gedanke des Fernhandels weiter.

Der wirtschaftliche Niedergang Kölns

Der Niedergang der Hanse begegnet sich auch im wirtschaftlichen Abstieg Kölns. Die Stadt wird zwar von den Unruhen der Reformation berührt, wenn auch nicht in dem Maße wie die mitteldeutschen Städte. Die Unruhen von 1525 können die Kölner Ratsherren schnell eindämmen. Die Rädelsführer werden gehängt. Auch die reformatorischen Gedanken können in der Stadt nicht in der Weise Fuß fassen wie in anderen Hansestädten. Köln bleibt katholisch, aber es zeigt, wenn auch nur vorübergehend, Toleranz und Neutralität gegenüber dem neuen Glauben. So nimmt man niederländische Kaufleute, die wegen ihres Glaubens von den in ihrer Heimat herrschenden Spaniern verfolgt werden, in der Stadt auf.

Wasserkraft gilt im Zeitalter der Hanse und lange darüber hinaus als wichtigste Energiequelle für das Kölner Gewerbe. Die Stadtansicht von Anton Woensam zeigt zahlreiche Rheinmühlen, wie die vor dem „Werthchen", der kleinen Rheininsel, die heute die Landzunge des Rheinauhafens bildet.

Durch seine Neutralität bleibt Köln in seinen festen Mauern auch von den Übergriffen des Dreißigjährigen Krieges bewahrt. Zu einer vorübergehenden Bedrohung wird die schwedische Belagerung von Deutz im Jahre 1632. Doch wie die Chronik eines Deutzer Mönchs aus der Abtei St. Heribert berichtet, gelingt es kölnischen Wachschützen, die Kirche St. Urban, in der die Belagerer ihre Waffen und Munitionsvorräte horten, in die Luft zu sprengen und damit die Schweden zum Abzug zu bewegen.

Kriege und Auseinandersetzungen im kurkölnischen Raum behindern den Handel und nehmen ihm durch das verwüstete Land auch das wirtschaftliche Umfeld. Die Kündigung der englischen Privilegien im Außenhandel 1598 durch Königin Elisabeth I. trifft die Kölner hart. Besonders schädlich wirkt sich die Erstarkung der Fürsten und Territorien am Ende der Hansezeit für die Domstadt aus. Köln hat außer dem Stadtgebiet kein eigenes Territorium und ist umklammert von mächtigen Landesherren, allen voran dem kurkölnischen. Die Ländereien, Mühlen, die Wasserkraft und die unzähligen Gewerbebetriebe, deren Unterstützung sich Köln lange Zeit versichert hat, entwickeln sich jetzt unter dem Druck ihrer Herren zur Konkurrenz für die stolze Stadt am Rhein. Unter Zöllen und Abgaben der umliegenden Territorien erlahmt die Wirtschaft. Kölns große Zeit ist am Ende. Die Stadt teilt damit das Schicksal vieler Hansestädte. Daß letztlich die Wirtschaftskräfte Kölns nicht ganz zum Erliegen kommen, liegt sicher am Fleiß seiner unermüdlichen Kaufleute und Gewerbetreibenden, und am Rhein, der, allen Kriegen trotzend, Köln bis heute mit Europa verbindet und die Wirtschaftskraft belebt.

Kölner Handelsmarken

Das zweite (gotische) Stadtsiegel Kölns zeigt den hl. Petrus hinter den fünf Toren der Stadtmauer, eingerahmt von gotischer Architektur. Seit 1271 gilt es als offizielles Siegel der Bischofsstadt.

Köln, Stadt der Bischöfe, Kaufleute und Handwerker

Köln, die „hillige“ Großstadt am Rhein

Auf der Suche nach Gemeinsamkeiten Kölns mit anderen Hansestädten fällt die günstige geographische Lage deutlich ins Gewicht. Die Voraussetzungen für eine Gewerbestadt und den Ausbau eines leistungsfähigen Fernhandels sind geradezu ideal. Der Rhein bestimmt maßgeblich die Entwicklung der Kölner Wirtschaftsmacht und schafft auch nach schlimmsten Kriegen und Notzeiten die Voraussetzungen für die Regenerationsfähigkeit der Stadt. Von Süden nach Norden, vom Alpenrand bis zur Nordsee und ihren Seehäfen stellt er die Verbindung zu vielen Städten und Wirtschaftsräumen her, und über seine größeren Nebenarme gelangen die Schiffe in die Weiten von Osten und Westen.

In Köln geht der Mittel- in den Niederrhein über. Durch eine Geländeveränderung auf dem Flußgrund, etwa ab Höhe der heutigen Südbrücke, verringert sich die Wassertiefe, und weiter aufwärts verengt sich zunehmend die Fahrrinne. Die mittelalterliche Schiffahrt ist deshalb gezwungen, sich den unregulierten Verhältnissen des Stromes anzupassen und spätestens in Köln die Waren größerer Lastschiffe auf einen anderen Schiffstyp umzuladen. So entstehen die natürlichen Voraussetzungen für das spätere Kölner „Stapelrecht“, das dem Handel und dem Reichtum der Stadt wertvolle Impulse gibt.

Der Meister der „Verherrlichung Mariae“, der im 15. Jahrhundert in Köln tätig gewesen sein muß und vermutlich ein Nachfolger Stephan Lochners ist, zeigt hier im Vordergrund den hl. Christopherus mit dem Christuskind, den hl. Gereon, den hl. Petrus und die Gruppe der Anna Selbdritt. Im Hintergrund erstrecken sich die spätgotische Stadt und die Landschaft um Bonn bis ins Siebengebirge und in die Eifel hinein. Kölnische und fremde Handelsschiffe ankern vor der betriebsamen Kulisse des Hafens. Auch in dieser Darstellung werden Größe und Bedeutung der Hansestadt deutlich.

Der Rhein besitzt eine hohe Anziehungskraft auf die Menschen diesseits und jenseits des Flusses. Den Zustrom Richtung Köln erleichtert ein gut ausgebautes Straßennetz, dessen Richtung schon die Römer maßgeblich beeinflußt haben. Ihnen verdankt auch die Stadt das schon früher hohe kulturelle Ansehen.

Von größter ökonomischer Bedeutung ist auch die Anziehungskraft des „hilligen Coellen". Keine Stadt nördlich der Alpen hat so viele Heilige versammelt wie Köln. Sie umgibt eine Aura von Offenbarungen, Wundern und Legenden, die für die Daseinsbewältigung des mittelalterlichen Menschen und seinen Glauben an eine himmlische Erlösung nach dem Tode notwendig sind. Die bekannteste aller Kölner Heiligenlegenden stammt aus dem frühen Mittelalter. Die hl. Ursula, Tochter eines britischen Königs, führt im Gefolge von 11 000 Jungfrauen von England über den Rhein bis Basel. Auf dem Rückweg erleidet sie in Köln durch die Hunnen, die die Stadt belagern, den Märtyrertod. Als man 1106 bei den Baumaßnahmen zur Stadterweiterung auf ein römisches Gräberfeld stößt, glaubt man die Gebeine der Jungfrauen entdeckt zu haben. Der Fund ist Auslöser für einen großen Ursulakult, der über viele Jahre Menschen in ganz Europa bewegt und dem Namen Kölns Bekanntheit verschafft. Der Besitz und Handel von Reliquien ist eine unschätzbare Quelle für Reichtum und Anziehungspunkt für Pilgerströme, die zu allen Gelegenheiten nach Köln ziehen, damit der Wirtschaftskraft erheblichen Aufschwung geben und die Verbreitung Kölnischer Waren fördern.

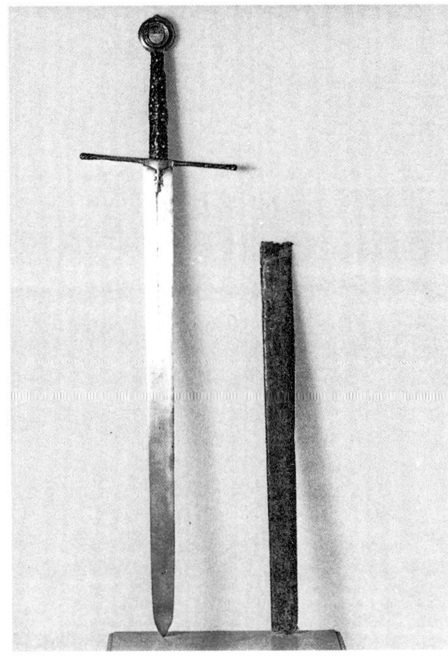

Kölner Richtschwert
Waffen sind im Zeitalter der Hanse, in dem zahllose Kriege wüten, ein begehrter Exportartikel. Eisen und Stahl beziehen die Kölner aus Siegerland und Sauerland.

Die Attraktivität der Stadt mit ihren Schützenfesten, Turnieren, der Karneval, die Lotterien, die 1501 zum ersten Mal veranstaltet werden, die Schaulust am Schönen und am Makabren, wie den öffentlichen Hinrichtungen, wirken wie ein Magnet. Der tägliche Markt zieht Handwerker, Bauern und Kaufleute aus dem Umland an, die ihre Waren in die Stadt fahren. Fernhandel wie Ferntourismus finden ihr Ziel in Köln. Viele der Köln-Besucher bleiben für immer in der Stadt und lassen sich beruflich nieder. Die steigende Bevölkerungsentwicklung wird besonders durch den Zustrom von Neubürgern genährt, denn aus sich selbst heraus kann Köln ebensowenig wie andere Städte wachsen.

Das dichte Zusammenleben in unhygienischen Verhältnissen mittelalterlicher Städte fördert Krankheiten und Seuchen wie 1348 die Pest, die ein massenhaftes Sterben nach sich zieht. Köln ist mit weit über 30000 Einwohnern im 15. Jahrhundert und fast 40000 im 16. Jahrhundert bei einer Ausdehnung von 400 Hektar die mit Abstand größte Stadt im deutschen Reich, und in Europa hat nur noch Paris eine ähnliche Größe zu bieten.

Einwohnerzahlen von Großstädten im Mittelalter

	im Jahr	Einwohner
Köln	1400	30000
Lübeck	1400	22000
Hamburg	1419	8000
Bremen	1400	17000
Danzig	1500	20000
Rostock	1410	14000
Stralsund	1360	10000
Dortmund	1450	10000
München	1396	10000
Nürnberg	1499	2000
Frankfurt	1480	10000
Straßburg	1450	20000

Die meisten Menschen in Köln leben im Viertel der heutigen Altstadt. Nach Westen, Süden und Norden hin ist die Besiedelung weitaus dünner. Dort dehnen sich die Immunitätsbezirke der geistlichen Stifte mit ihren prachtvollen Kirchen, ihren Wohn- und Verwaltungsgebäuden und den ausgedehnten Wein- und Gemüsegärten aus. Namen wie St. Ursula, St. Severin, St. Maria im Capitol, St. Gereon, St. Kunibert, St. Andreas, St. Aposteln, St. Georg, St. Caecilien erinnern nicht nur an mittelalterlichen Kirchenbau, an kirchliche Wissenschaften oder seelsorgerische Dienste. Es sind auch Namen bedeutender geistlicher Wirtschaftsunternehmen des mittelalterlichen Rheinlands. Der Besitzstand und die zahlreichen Pfründe einzelner Stifte füllen ganze Bücher. Schon die Gründungsurkunde von St. Ursula, einer Schenkung des Erzbischofs Hermann im Jahre 922, erfaßt 47 Orte mit zahlreichen Höfen, Wiesen und Ackerland, Grundstücksrechten und Zinseinkünften. Der Besitz

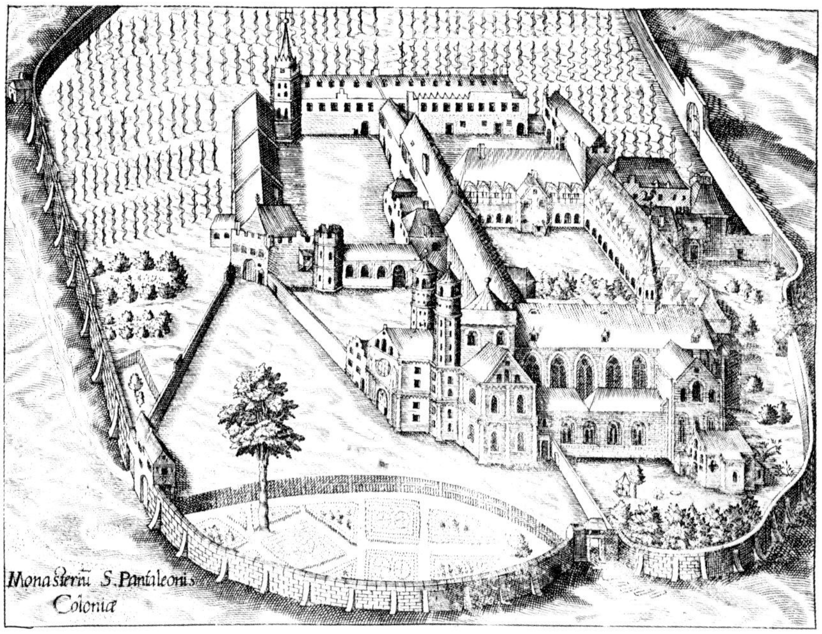

Stifte und Klöster wie St. Pantaleon tragen in Köln und überall im Handelsraum der Hanse zum wirtschaftlichen Wohlstand bei. Sie sind große Auftraggeber vor allem für kostbare kunstgewerbliche Waren.

liegt in Köln, in der näheren Umgebung und erstreckt sich auch weit darüber hinaus. Weingüter, Wälder mit Holz- und Jagdrechten, Fisch- und Weiderechten entlang des Rheins bis Worms und an der Mosel bis Kröv gehören mit dazu. Zum mittelalterlichen Besitzstand zählen auch Menschen, denn ohne Hörige, Bauern und Knechte, die harte Frondienste leisten müssen, ist landwirtschaftliche Produktion nicht denkbar. Die meisten Stifte können bereits nach ihrer Gründung ein erstaunliches Vermögen bilden, das durch reiche Schenkungen vom Kaiser bis zum einfachen Bürger und die Verzinsung aus dem bestehenden Besitz ständig erweitert wird. Schenkungen dienen im Mittelalter vielfältigen politischen Zielen, mehr aber dem Glauben des Menschen, sich dadurch sein Seelenheil erkaufen zu können. Stifte und Klöster wie auch die Bischofsämter sind mit Angehörigen des Adels besetzt. Weitaus größer aber ist die Zahl der Menschen, die als Gesinde innerhalb der Stiftsbezirke ihre Dienste verrichten müssen.

Das Verhältnis zwischen Kirche und Bürgertum und der gewerblichen Wirtschaft ist während des gesamten Mittelalters gespannt, denn alle klerikalen Einrichtungen sind steuer- und abgabenfrei, obgleich sie wie alle anderen auch die Leistungen des Gemeinwesens in Anspruch nehmen. Sie beschäftigen eigene landwirtschaftliche und handwerkliche Betriebe und schalten sich unter Ausnutzung ihrer Abgabenfreiheit und damit zum Schaden freier Unternehmen in den Handel ein. Dabei entziehen sie sich im Status ihrer Immunität gleichzeitig städtischer und gewerblicher Kontrolle. Auch in Rechtsfragen sind sie keiner weltlichen Gerichtsbarkeit unterworfen.

Die Verherrlichung der Dreifaltigkeit durch Heilige der Stadt Köln (um 1635). Das von Johann Hulsmann und Johann Toussyn geschaffene Altarbild wurde zum Dank für die schadlos überstandene Belagerung der Schweden vor den Toren Kölns während des Dreißigjährigen Krieges gestiftet. Unter der himmlischen Prachtszene, in der die heiligen Bischöfe und Schutzpatrone der Stadt der göttlichen Dreifaltigkeit ihre Ehre erweisen, präsentiert sich die ganze Größe und Herrlichkeit des „Hilligen Coellen". Wir sehen im Vordergrund reisende Kaufleute, die auf das Kunibertsbollwerk im Norden der Stadt zufahren. Am Hafen vor dem Stapelhaus ankern dicht gedrängt die Kaufmannsschiffe.

Die Bischöfe – Herren über Stadt und Wirtschaft

Von Otto dem Großen (936–973) erhalten die Bischöfe aus seinem Königsgut Landschenkungen und königliche Hoheitsrechte. Von der hohen Gerichtsbarkeit über Markt- und Münzregal bis zu den Rechten der Zollerhebung sind sie mit allen Insignien der Macht ausgestattet. Sie stellen bei Bedarf ein Heer und sind zum königlichen Kriegsdienst verpflichtet. Da dem König im 10. Jahrhundert noch das Recht der Bischofsernennung zusteht, schafft er sich treue Vasallen.

Die Belehnung von Bischöfen mit weltlicher Macht hat ihre guten Gründe. Das karolingische Erbe, das Otto der Große antritt, ist aufgeteilt in Grafschaften und Herzogtümer mit eigener Macht. Da die lokale Gewalt durch Vererbung übertragen wird und sich so dem königlichen Einfluß entzieht, führt sie am Ende zum Zusammenbruch des karolingischen Reiches. Otto, der seinen Einfluß erhalten und die Unterordnung seiner Herzöge erzielen will, belehnt bevorzugt kirchliche Würdenträger mit weltlicher Macht. Bischöfe, die aufgrund ihres Standes ehe- und kinderlos bleiben müssen, bewahren ihn vor den Ungewißheiten der Nachfolge, vor Erbkämpfen und familiärer Machtversippung.

Mit Erzbischof Bruno (925–965), dem Bruder Otto des Großen, beginnt 953 die große Zeit der Kölner Kirchenfürsten. Bruno erhält die Herrschaft über das Herzogtum Lothringen und damit auch die Macht über die Stadtmetropole Köln. Unter ihm erfolgt um 950 in Köln die erste große Stadterweiterung. Er bezieht die Rheinvorstadt, das Wohnviertel der Kaufleute, das sich von der östlichen Römermauer zum Rhein erstreckt, mit in den Stadtbezirk ein.

Unbestritten sind auch die Leistungen der Erzbischöfe im Sakralbau, die Köln einen Reichtum an Kirchen und Klöstern bescheren. Die Kirchenfürsten gehören damit selbst zu den größten Auftraggebern des gewerblichen Kölns. Ihr politischer Einfluß und Ansehen sind für die Stadt von größter Bedeutung. Umgekehrt gilt das Interesse am wirtschaftlichen Aufstieg Kölns wohl auch der Stärkung der eigenen Macht.

Das Verhältnis zwischen den Kölnern und ihren Bischöfen ist von Anfang an gespalten, denn viele der geistlichen Fürsten machen rücksichtslos von ihren Rechten Gebrauch. Erzbischof Anno löst zu Ostern 1074 den Aufstand der Kaufleute in der Rheinvorstadt aus durch die widerrechtliche Beschlagnahmung eines Kaufmannsschiffes. Da ihm ein geeignetes Schiff für den Bischof aus Münster, der über Ostern zu Gast in Köln weilt, fehlt, nimmt er einfach Besitz von einem Schiff der Kölner Kaufmannschaft. Vor den aufgebrachten Kaufleuten muß er schließlich nach Neuss fliehen, kommt aber nach Tagen mit seinen Streitkräften zurück, um mit einem Strafgericht diesen ersten Versuch der Kölner Bürger, sich von der geistlichen Macht zu befreien, niederzuschlagen. Auch wenn dieser Sieg auf Seiten des Erzbischofs liegt, ist er ein Teil des jahrhundertelangen Kampfes um die städtische Freiheit.

Als Anno stirbt, ist der „Investiturstreit" in vollem Gange. Der Kampf zwischen geistlicher und weltlicher Macht, zwischen Papsttum und Königtum, der zu einer Dauerkrise ausartet, erfaßt auch Köln und die Rheinlande. Der Papst fordert die Ausschaltung weltlicher Herrscher bei der Investitur, der Einsetzung kirchlicher Würdenträger, sowie den Vorrang der geistlichen Gewalt vor der weltlichen. Da die Bischöfe als Reichsfürsten die Säulen königlicher Macht sind, muß der König sein Recht auf Bischofseinsetzung verteidigen. Im Wormser Konkordat von 1122 wird ein Kompromiß gefunden. Der Kaiser kann Bischöfe und Äbte mit weltlichen Hoheitsrechten belehnen. Der Papst aber überträgt ihnen das geistliche Amt.

Im 12. Jahrhundert zeigen sich deutliche Differenzen zwischen der Kölner Bürgerschaft und der mächtigen bischöflichen Herrschaft. Kaiser Heinrich IV., der 1106 von seinem gleichnamigen Sohn in die Verbannung geschickt wird, sucht Zuflucht bei den Kölnern, während der amtierende Erzbischof, Friedrich I., auf Seiten des Sohnes Heinrich V. steht.

Der Annoschrein ist wie viele andere Schreine ein kostbares Meisterstück des Kölner Kunstgewerbes. Die Heiligenverehrung nimmt in Köln breiten Raum ein. Kirche, Politik, Kunstgewerbe und Handel stehen dabei in sehr enger Verbindung. Obwohl Anno zu den großen Stiftergestalten des Kölner Mittelalters gehört, löst sein gestörtes Verhältnis zu Kaufleuten und Bürgern der Stadt den jahrhundertelangen Kampf um die städtische Freiheit mit aus.

Gemüseverkäuferin

Rainald von Dassel, Erzbischof von 1159–1167

Der Bayenturm, heute nur noch Ruine, bildet die rheinseitige Südgrenze der alten Stadt. Hier beginnt der direkte Einflußbereich der städtischen Hoheitsrechte für die Schiffahrt. Gegen kaiserliche Privilegien spricht die Errichtung einer städtischen Zollstätte am Bayenturm. Die Kölner müssen 1364 nach dem Protest der Fernhandelskaufleute den Rhein wieder freigeben.

Die Parteinahme der Kölner Bürger für den Vater erweist sich als eine ihrer großen Erfolge. Heinrich IV. läßt zum Dank noch im gleichen Jahr die Stadtbefestigung um drei halbkreisförmige Gebiete erweitern: Im Süden wird der Stadtteil Oversburg, im Norden Niederich und im Westen das Gebiet um St. Aposteln einbezogen. Zusätzlich überträgt er die Wehrhoheit des Erzbischofs in die alleinige Verantwortung der Stadt. Damit bringt er dem geistlichen Stadtherren, der sich bis zuletzt gegen die Stadterweiterung wehrt, den folgenschwersten Verlust ein. Das Selbstbewußtsein der Bürger erhält durch diesen ersten Akt gemeinsamer Willensbildung einen enormen Auftrieb.

Seit dem 12. Jahrhundert führt die Stadt ein eigenes Siegel. Die älteste noch erhaltene Urkunde mit diesem Siegel benennt unter anderem das „Haus der Bürger“, den Vorgänger des Rathauses, und die Organisation der in Bruderschaften zusammengeschlossenen Handwerker.

Gegen Ende des 12. Jahrhunderts findet auch erstmalig die „Richerzeche“, die Gemeinschaft der Reichen, Erwähnung. Die Angehörigen dieses Zusammenschlusses rekrutieren sich aus dem Lager der Wohlhabenden. Sie bringen in der Folge die städtische Verwaltung an sich. Als Vermittler zwischen dem Erzbischof als oberstem Stadtherrn und der Richerzeche tritt das Schöffenkollegium auf.

Die Einbindung der Kölner Kirchenfürsten in die hohe Politik des Reiches und ihre damit verbundene häufige Abwesenheit weiß die Richerzeche für sich zu nutzen. Rainald von Dassel, Erzbischof von 1159–1167, begleitet den staufischen Kaiser Friedrich Barbarossa als Ratgeber und Erzkanzler auf seinem Heerzug nach Italien. In Köln ist er selten anwesend. Sein Nachfolger Philipp von Heinsberg reist 1168 gemeinsam mit Heinrich dem Löwen nach England und Frankreich, um eine Annäherung der Westmächte an das Reich zu erreichen und den Handel zu fördern. Sein diplomatisches Geschick, das er in der Aussöhnung zwischen Papst und Kaiser beweist, dankt ihm Friedrich Barbarossa, indem er ihm das Herzogtum Westfalen 1180 überträgt. Damit wird er zugleich zum mächtigsten Fürsten am Niederrhein. Doch das gute Verhältnis Philipps zur kaiserlichen Politik darf nicht darüber hinwegtäuschen, daß die allgemeine Einstellung der Reichsregenten zu ihren immer mächtiger werdenden Fürsten kritisch ist. Schon im Jahr der Übertragung Westfalens muß sich Philipp den Wünschen Friedrichs beugen. Die Stadt Köln wird die Stadtbefestigung noch einmal stark erweitern. Es geht darum, die Kirchenbezirke von St. Gereon, St. Mauritius, St. Pantaleon, St. Severin und einige Hofbesitze im Süden und Norden der Stadt in einen neuen Befestigungsring einzubinden. Mit zwölf Torburgen und 59 Türmen entsteht eine sieben Kilometer lange Befestigungsanlage, die ein gewaltiges Stadtgebiet von über 400 Hektar umschließt.

Die Politik des neuen Stadtregiments ist stark auf die wirtschaftlichen und machtpolitischen Vorteile ausgerichtet. Man sucht die Beziehung zum Kaiser, stellt sich aber auch flexibel auf die Seite der Erzbischöfe, wenn es Gewinn einbringt. Im staufisch-welfischen Thronstreit, der zu Beginn des 13. Jahrhunderts ausbricht, steht das Stadtregiment gleich abwechselnd auf beiden Seiten. Zunächst unterstützt man den Erzbischof in seiner Zuneigung zu den Welfen, denn der florierende Englandhandel ist von ihnen abhängig. Als dann der Erzbischof unter päpstlichem Bann seines Amtes enthoben wird, schwenken die Kölner auf staufische Politik um, die sich im Reich unter Kaiser Friedrich II. durchsetzen kann.

1239 erhält eine der bedeutendsten Gestalten unter den Kölner Erzbischöfen seine Weihe: Konrad von Hochstaden (1238–1261), ein Macht- und Wirtschaftspolitiker hohen Ranges. Er zeigt sich schon bald als erklärter Gegner bürgerlicher Freiheit und versucht mit allen Mitteln, die unter seinen Vorgängern erreichten Ziele rückgängig zu machen. Sein Argwohn gilt vor allem dem Schöffenkollegium, das weniger seinen Vorgaben als denen der Stadt folgt. Doch der Streit mit dem selbstbewußten Bürgertum endet für ihn wenig erfolgreich. Im „Großen Schied", den der Dominikanergelehrte Albertus Magnus 1258 als Schiedsrichter verfaßt, werden zwar die Rechte und Stellung des Erzbischofs als oberster Stadtherr und Richter bestätigt, gleichzeitig wird aber die bürgerliche Selbstverwaltung sanktioniert.

In wirtschaftlicher Hinsicht erwirbt sich Konrad von Hochstaden mit der Einführung des „Kölner Stapelrechtes" große Verdienste. Als er 1259 Köln zur Stapelstadt macht, nutzt er die geographische Situation. Viele Schiffer sind an der Grenze zwischen Nieder- und Mittelrhein ohnehin gezwungen, bei der Bergfahrt wegen geringerer Wassertiefe und der sich verengenden Fahrrinne in Köln anzuhalten und die Waren umzuladen. Konrad will, daß die Waren nicht nur die Schiffe wechseln, sondern auch mindestens drei Tage auf dem Markt in Köln zum Segen der Stadt

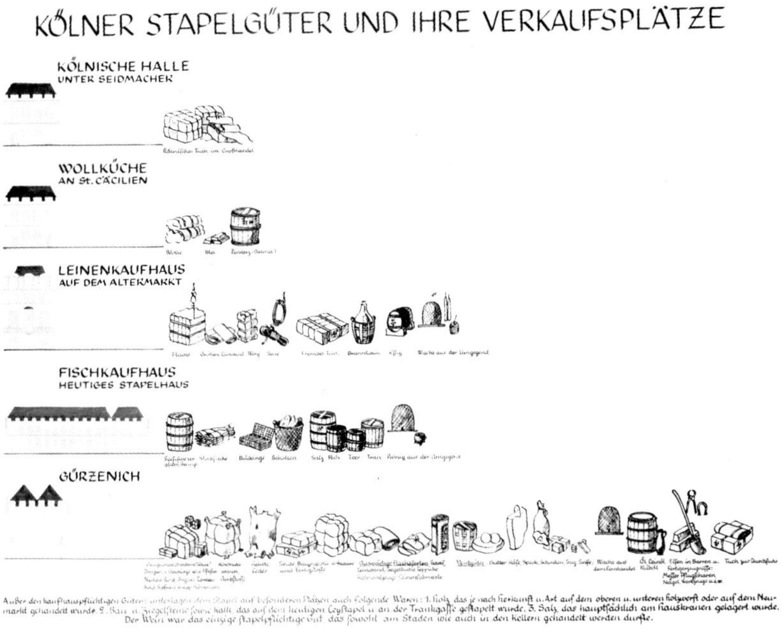

feilgeboten werden. Nur wenige Waren wie Süßwasserfische, die leicht verderblich sind, fallen nicht unter das Stapelrecht. Aber nicht nur der Schiffsverkehr, auch die Transporte über Land sollen Köln nicht mehr ungehindert passieren. Der Erlaß vom 7. Mai 1259 sieht schließlich vor, daß kein Kaufmann aus Ungarn, Böhmen, Polen, Bayern, Schwaben, Sachsen, Thüringen, Hessen und weiteren östlichen Gebieten, kein Kaufmann aus Flandern oder Brabant und anderen Landstrichen westlich der Maas an Köln mit seinen Waren vorbeiziehen darf. Für den Einzugsbereich des Rheins wird als Nordgrenze Kölns Riehl und im Süden Rodenkirchen festgelegt. Der Handel unter Fremden in der Stadt ist untersagt. Er muß unter Einschaltung eines Wirtes oder kölnischen Kaufmanns vollzogen werden. Den Fremden ist im übrigen nur der Handel im Großen erlaubt, während der Einzelhandel den Kölnern überlassen bleibt. Das Verbot des Gästehandels fördert die Ansiedlung und die Einbürgerung erfolgreicher fremder Kaufleute. Mit dem Stapelrecht Konrads gewinnt Köln den Impuls für einen ungeahnten wirtschaftlichen Aufschwung in den kommenden Jahrhunderten.

Mit der Erhebung Siegfrieds von Westerburg auf den erzbischöflichen Thron im Jahr 1274 tritt Köln in ein entscheidendes Kapitel seines

Konrad von Hochstaden ist einer der großen Männer in der Kölner Kirchen- und Wirtschaftsgeschichte. Die Bronzeplastik von seinem Grabmal in der Johanneskapelle des Domes zeigt den mächtigen Kirchenfürsten, der mit der Einführung des Stapelrechtes der Stadt wirtschaftlichen Segen bereitet. Er legt auch den Grundstein für den gotischen Dom.

Freiheitskampfes ein. Das Verhältnis zwischen Stadt und Bischöfen ist durch die Politik der Vorgänger Siegfrieds schon gespannt. Als dieser gegen seine vorherige Zusage in Worringen 1276 mit dem Bau einer Burganlage beginnt, spitzt sich die Stimmung bedrohlich zu.

Während die Stadt vergeblich protestiert, verändern sich durch den „Limburgischen Erbfolgestreit" die politischen Verhältnisse zu Siegfrieds Ungunsten. Herzog Johann I. von Brabant gewinnt die Erbrechte Limburgs, und Siegfried fürchtet den Machtwachstum des Brabanters so sehr, daß er sich mit dem Gegenspieler, dem Grafen Rainald von Geldern, verbündet. Die Kölner stellen sich derweil auf die Seite des Brabanters. In der Schlacht bei Worringen erlebt Siegfried 1288 eine entscheidende Niederlage. Das Kalkül der Kölner Bürger, auf Seiten Brabants einen sicheren Sieg gegen ihren Stadtherren zu gewinnen, zahlt sich für sie aus. Köln wird faktisch frei. Der Bischof muß seinen Sitz außerhalb der Stadt nehmen. Er behält nur das Amt des obersten Richters, der in Kriminalfällen über Leben und Tod entscheidet, sowie ein paar Rechte und Einkünfte von geringerer Bedeutung.

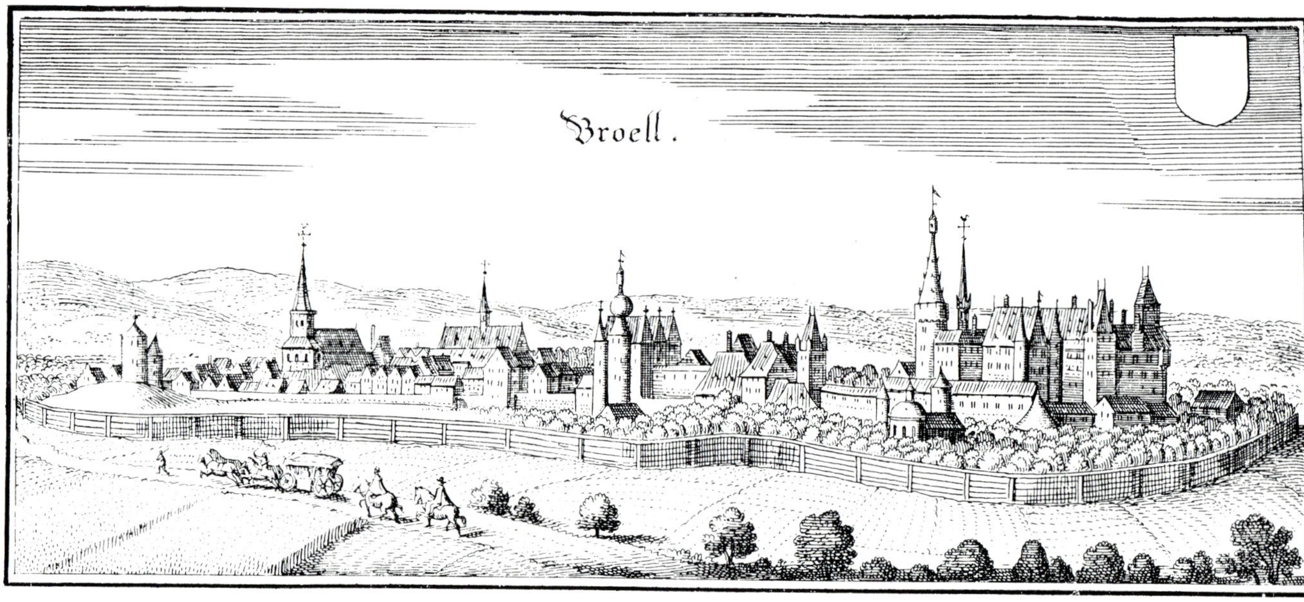

Brühl mit der mächtigen Augustusburg wird nach der Schlacht bei Worringen zur Residenz der Kölner Erzbischöfe.

Kaufmannsgilde, Zünfte und Gaffeln

Wohlstand und Selbstbewußtsein Kölns bilden sich im freien Unternehmergeist, von dem die Kaufleute ebenso wie die gewerbetreibenden Handwerker der Stadt erfaßt sind. Mit den zunehmenden wirtschaftlichen Aufgaben, die sich ihnen stellen, wächst auch der Gedanke berufsständischer Zusammenarbeit. Im gemeinsamen Kampf um die Interessen der bürgerlichen und gewerblichen Freiheiten, gegen Protektionismus und Ungerechtigkeiten im Wirtschaftsleben und für Wohlstand und Reichtum bildet sich das genossenschaftliche Wesen der Stadt. Am Anfang der Entwicklung stehen die Bruderschaften der Handwerker und Kaufleute, die im 12. Jahrhundert zusammenkommen. Man trifft sich zu kirchlichen, karitativen oder einfach geselligen Zwecken. Die gemeinsame Feier, das Essen oder die Sorge um die Hinterbliebenen eines ver-

Kaum ein mittelalterliches Ereignis hat Künstler und Chronisten so angeregt wie der Kampf um die städtische Freiheit bei Worringen. Die Manessische Handschrift aus dem 14. Jahrhundert zeigt eine Szene der entscheidenden Schlacht im Jahre 1288.

Typar der Kölner Kaufmannsgaffel Eisenmarkt aus Silber; eine der schönsten Kölner Goldschmiedearbeiten vom Ende des 14. Jahrhunderts.

storbenen Kaufmanns oder Handwerkers geben die ersten Anlässe. Aber auch die Verfolgung wirtschaftlicher und politischer Ziele sind bald im Mittelpunkt der gemeinsamen Treffen.

Zu einer der ersten Bruderschaften der Stadt vereinigen sich die wohlhabenden Gewandschneider, deren Mitglieder, wie die Patrizier Hirzelin oder Overstolz, bereits jetzt eine wichtige Rolle in der Stadtpolitik spielen. Zur Verfolgung der gemeinsamen Interessen im Fernhandel gibt es Bruderschaften von Englandfahrern oder andere, die Skandinavien bereisen wie die „fraternitas danica". Sie treten um 1246 erstmals in Erscheinung. Zu den frühesten Zusammenschlüssen der Kaufleute gehört die Kölner Kaufmannsgilde aus dem 11. Jahrhundert, deren Mitglieder am Neumarkt und im Martinsviertel wohnen. Man schätzt die Zahl ihrer Mitglieder im 13. Jahrhundert auf 200 bis 300.

Die rein berufsständische Organisation, über die nur wenige Geschichtsquellen Auskunft geben und die geringen Einfluß auf die Stadtpolitik zu haben scheint, gilt als eine Stufe auf der Erfolgsleiter zur „Richerzeche". Diese setzt sich als wirtschaftliche und politische Füh-

Der Kölner Bürgermeister Arnold von Brauweiler gehört zur Hochfinanz der Stadt. 1508 kauft er Schmuck im Werte von 37000 Gulden, den Kaiser Friedrich III. bei Kölner Goldschmieden in Auftrag gegeben hat und nicht bezahlen kann.

rungsschicht aus Kaufleuten reicher und vornehmer Abstammung, dem Patriziat, zusammen. Auch das Schöffenkollegium, aus dem einer der beiden Bürgermeister jährlich neu gewählt wird, ist überwiegend mit Angehörigen der Richerzeche besetzt. Zusammen mit den Bürgermeistern ist sie für die Verleihung des Zunftrechts zuständig, hat die Aufsicht über den Markt und das Weinzapfrecht. Damit haben die Patrizier der Stadt die politischen Schlüssel in der Hand und nehmen Einfluß auf fast alle Entscheidungen. Wie deutlich sich dadurch auch der Niedergang erzbischöflicher Macht dokumentiert, zeigt die finanzielle Abhängigkeit der geistlichen Stadtfürsten. Ihre Abgaben an die päpstliche Kurie, den aufwendigen Lebensstil und die ungezählten Kriege lassen sie sich aus den Finanzquellen des Patriziats weitgehend bezahlen. So muß Philipp für seinen Einsatz auf Kaiser Barbarossas fünftem Italienfeldzug sogar die „Münze", die erzbischöfliche Wechselstube, die eine seiner größten Einnahmequellen ist, an die Stadt verpfänden.

Ab Mitte des 12. Jahrhunderts erscheinen urkundlich die ersten Zünfte in Köln. So wie sich die Kaufleute organisierten, setzen sich auch die Handwerker im Zunftwesen ihre gemeinsamen Ziele. Da das Textilgewerbe eine dominierende Rolle spielt, scheint es kaum verwunderlich, daß der Zunftbrief der Bettziechenweber von 1149 als älteste Zunfturkunde Kölns gilt. Mit der zunehmenden Differenzierung des Gewerbes entstehen neue Zünfte, zum Teil auch als Abspaltung bestehender Gruppen. So sondern sich die Zünfte der Bettziechenweber, der Leinweber, Bettdeckenweber und Wolltuchweber voneinander ab.

Die Abbildungen zeigen vier Siegelstempel vom Kölner Verbundbrief, der 1396 entstandenen Verfassungsurkunde der Stadt, die bis in die Zeit des „Ancien Régime" Gültigkeit besitzt.

oben links:
Der Siegelstempel der Ziechenweber. Im Dreipaß ein Wappenschild, im Schildhaupt drei Kronen – sinnbildlich für die Drei Könige –, in der Umschrift:
SEGEL AMPTS DER TZIGEMECHER TZO COLEN

oben rechts:
S AMPTS DER SARWERTER TZO COLEN lautet die Umschrift des Siegels der Harnischmacher, die sich „Sarwerter" nennen. Das Wappenschild im Vierpaß zeigt Helm und Krone.

unten links:
Im Fünfpaß des Typars des Braueramtes finden wir zwei Malzschaufeln. Umschrift:
S AMPTS DER BRUUER TZO COLEN

unten rechts:
In der Mitte des Siegelstempels der Gaffel Himmelreich ist ein stilisierter Wolkenkranz mit Mondsichel, Sonne und Krone abgebildet. Umschrift:
SEGEL DER GESELLEN VAN ME HYMELRICH

Typisch für die Zünfte sind Zunftzwang und Zunftordnung. Damit wird die Ausübung des Gewerbes der Mitgliedschaft und der Aufsicht unterzogen. Die Ordnung bestimmt den Umfang und die Dauer der Ausbildung für den Nachwuchs, die Art und Qualität handwerklicher Ausführung, Arbeitszeit und Arbeitslohn, legt aber auch gemeinschaftliche und religiöse Pflichten fest. Da die Verleihung des Zunfrechts und die Aufsicht in den Händen der Stadtherren liegt und diese nach außen hin für die Qualität der Waren garantieren, spricht man in Köln von „Ämtern". Die Bezeichnung Zunft gehört daher auch nicht, wie dies in anderen Hansestädten der Fall ist, zum einheimischen Sprachgebrauch. Die Ämter sind in der Regel reine Männergesellschaften, Köln kann jedoch auch mit weiblich besetzten, zum Beispiel dem Amt der Seidenspinnerinnen, eine Besonderheit aufweisen.

Nicht zu verwechseln mit den Ämtern beziehungsweise Zünften sind die „Gaffeln" der Stadt. Sie bilden sich später aus der wirtschaftlichen Gemeinsamkeit von Handwerkern und zunftverwandten Kaufleuten. Ihre ersten Zusammenkünfte haben eher geselligen Charakter. Man trifft sich zu zwangslosem Meinungsaustausch und zu gemeinsamen Mahlzeiten, denn die „Gaffel" ist die Vorlegegabel bei Tisch. Später erlangen die Vereinigungen ein hohes politisches Gewicht im Kampf um die städtische Freiheit. Unter den meist gemischten handwerklich-kaufmännisch besetzten Gaffeln gibt es auch fünf, die überwiegend mit Kaufleuten besetzt sind. Dies sind die Gaffeln Windeck, Schwarzhaus, Eisenmarkt, Aren und Himmelreich. Seit 1396 hat Köln 42 Zünfte und 22 Gaffeln.

Der Holzschnitt aus der Koelhoffschen Chronik zeigt eine Szene aus dem blutigen Aufstand der Weber von 1371.

Konstantin von Lyskirchen, der von 1554–1581 zehnmal das Bürgermeisteramt innehat. Während seiner Zeit als Baudezernent fördert er maßgeblich die Gestaltung der Rathauslaube.

Den Zünften, die besonders unter der allmächtigen Patrizierherrschaft leiden, gelingt es 1370, die Richerzeche abzusetzen und gleichzeitig eine Umbesetzung des Rates zu erreichen. Allen voran stehen die Weber, die allein zahlenmäßig von 30 000 Einwohnern ein Fünftel der Bevölkerung ausmachen. Doch das Übergewicht der Weber im neuen Rat und neue Mißstände führen 1371 zum blutigen Kampf der übrigen Zünfte, die sich jetzt der Rachsucht der abgesetzten Herren gegen die an der Macht befindlichen Weber bedienen. Die Weberschlacht geht noch einmal mit dem Sieg der Patrizier und Zugeständnissen an die übrigen Zünfte aus. Die Verlierer müssen, wenn nicht erschlagen, die Stadt verlassen.

Das Regiment der Patrizier ist jedoch nur von kurzer Dauer. Zwar gelingt ihm mit der Gründung der ersten bürgerlichen Universität Deutschlands im Mai 1388 noch einmal ein gemeinsames Glanzstück, doch die innere Einheit ist inzwischen verbraucht. In zwei Lager zerstritten, verliert 1396 bei einem „Handstreich der Zünfte" die Macht. Ein nichtiger Affront des Patriziers Konstantin von Lyskirchen gegen die Zunftgenossen, die sich sonntags traditionell versammeln, gibt den Anlaß zur Überrumpelung der Geschlechter, die kurzerhand gefangengesetzt, Urfehde schwören oder die Verbannung aus der Stadt hinnehmen müssen.

Das prächtige Portal aus der Spätrenaissance führt in das 1594–1606 gebaute Zeughaus. Es dient der Stadt zur Aufbewahrung insbesondere schwerer Waffen. 1473 ist ein Besuch Kaiser Friedrichs II. urkundlich erwähnt. Er besichtigt den gotischen Vorgängerbau und die Waffensammlung.

Elisabeth von Lyskirchen, die Frau Konstantins.

Der im gleichen Jahr beschlossene „Verbundbrief" gibt der Stadt eine neue, über 400 Jahre lang gültige Verfassung. Die Herrschaft der Patrizier ist gebrochen. Die Körperschaften der Zünfte und Gaffeln übernehmen endgültig die städtische Gewalt in Köln und stellen aus ihren Reihen den Stadtrat. Jeder Kölner muß fortan Mitglied einer Gaffel sein, die sich gemeinsam mit den Zünften entschließen, dem Rat der Stadt Treue zu geloben. Die beiden Bürgermeister Kölns werden aus dem 49köpfigen Stadtrat heraus gewählt. Für alle wichtigen Entscheidungen wie Kriegsführung oder außergewöhnliche Ausgaben muß zusätzlich das Einverständnis der „Vierundvierziger" eingeholt werden. Diese Körperschaft setzt sich aus je zwei Abgeordneten jeder Gaffel zusammen. Die Bürgermeister, darunter große Hansekaufleute wie die Rincks, vertreten die Stadt im Außenverhältnis. Der Erzbischof behält ausschließlich sein oberstes Richteramt, dem die Schöffen unterstehen. Der Verbundbrief schließt mit den Siegeln aller 22 Gaffeln.

Die Graphiken zeigen den starken Machtwandel in der Kölnischen Stadtverfassung, den die Bürger im harten Kampf um ihre Freiheit erreicht haben. In der Verfassung um 1200 ist der Erzbischof mit allen Hoheitsrechten ausgestattet. Mit dem Verbundbrief von 1396 muß er fast alle seine Amtsrechte bis auf das höchste Richteramt abtreten. In der Zusammensetzung des neuen Rates als jetzt oberster Verwaltungsbehörde ist nicht die Vertretung der einzelnen Kirchen- und Sondergemeinden der Stadt zu sehen, sondern die Abordnung der berufsständischen Genossenschaften.

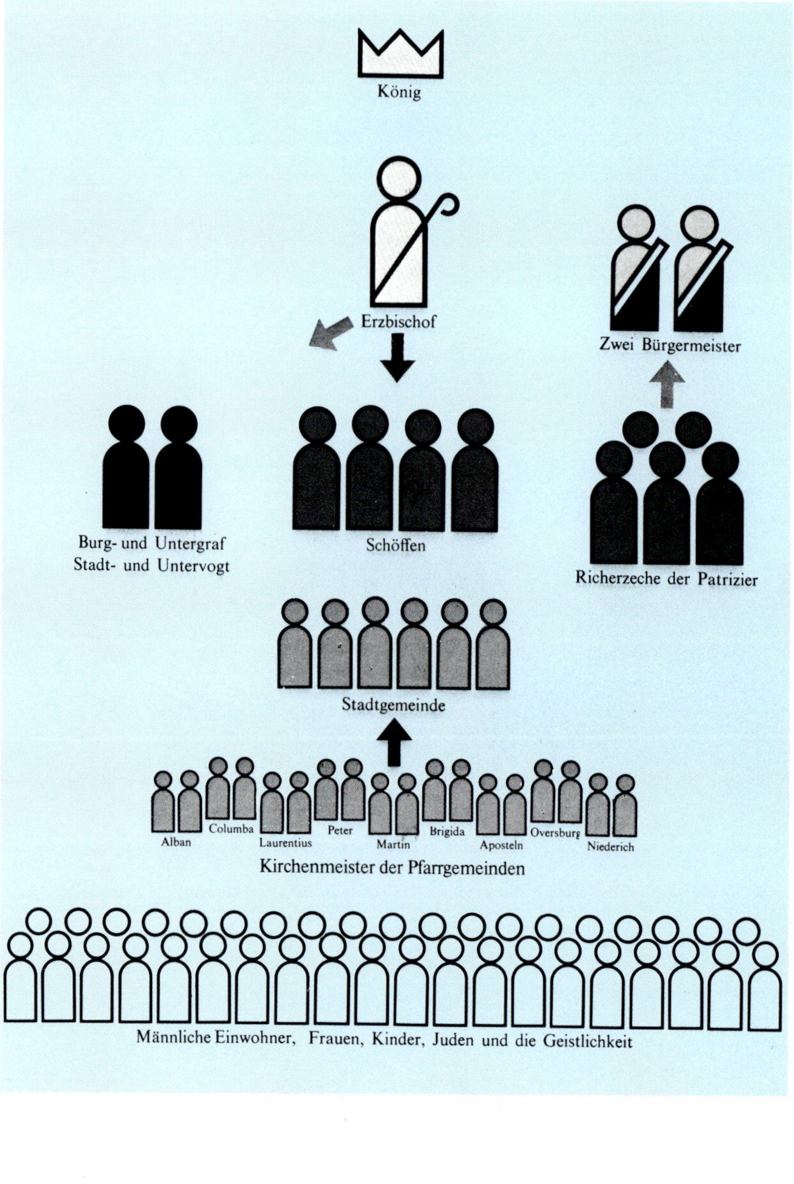

Zum Zeichen bürgerlicher Macht beschließt 1406 der neue Rat den Bau des Rathausturms an das schon 1139 erwähnte Haus der Bürger. Auch der Wiederaufbau des Gürzenich zum prächtigen Festhaus zeigt das neue Bewußtsein. Mit der kaiserlichen Bestätigung der Privilegien Kölns und der Erhebung zur Freien Reichsstadt, mit der sich Friedrich III. im Jahr 1475 für die Hilfe des Stadtregiments im Neusser Krieg gegen Erzbischof und Burgunderkönig bedankt, hat die Stadt auch formell den Kampf um ihre Freiheit gewonnen.

Im Jahre 1406 beschließt der Rat der Stadt den Bau des Rathausturmes zum Zeichen bürgerlicher Macht.

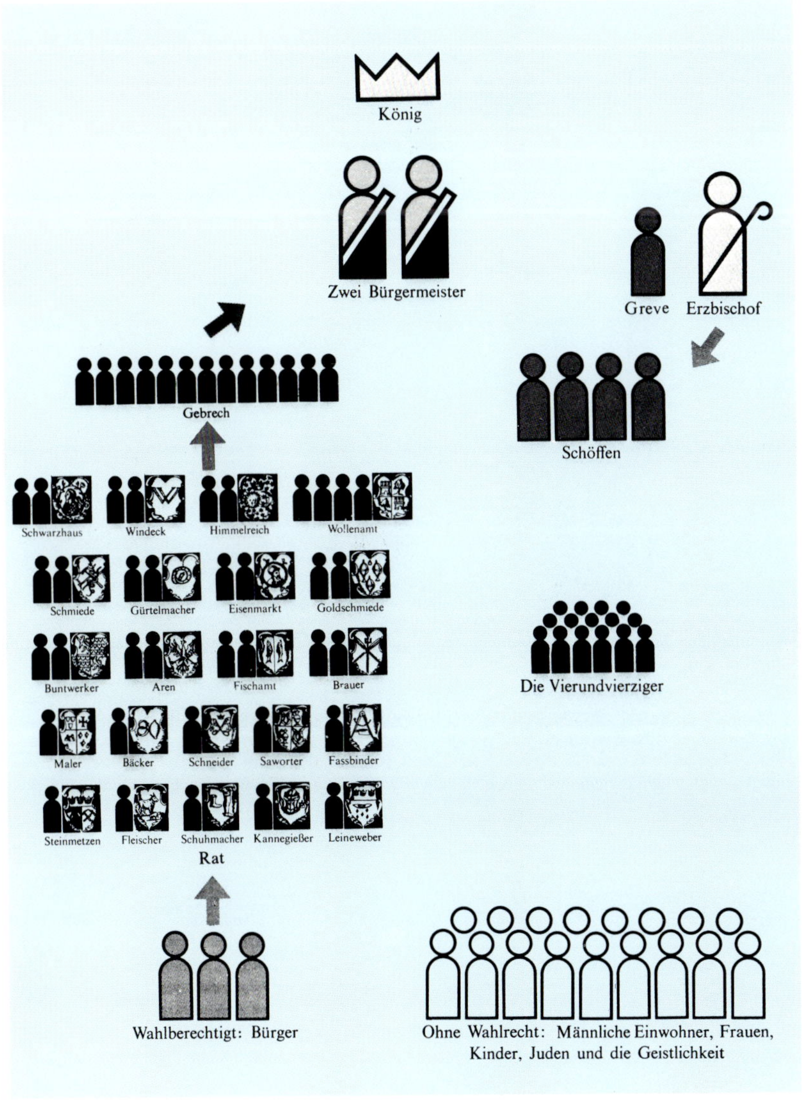

Messen, Märkte und Kaufhäuser in Köln

Für den weitreichenden Handel Kölns spricht die Tatsache, daß die Stadt bereits im 11. Jahrhundert ein wichtiger Messeplatz ist. In der Biographie des Erzbischofs Anno II. (1010–1075) entdecken wir die Bedeutung der „Ostermesse", der zwei weitere im August und Oktober eines jeden Jahres folgen und die ungezählte Menschen aus aller Welt anlockt. Selbst Kaufleute aus Übersee kommen nach Köln. Wenn die Glocken von Groß St. Martin die Jahrmärkte feierlich einläuten, beginnt auch ein für den Zeitraum der Messe eigenes Handelsrecht, das nicht so streng gehandhabt wird wie das sonst gültige städtische Recht.

Am Ende des 13. Jahrhunderts beginnt das Interesse an Messen zu schwinden. Das tägliche Warenangebot und die Verkaufsmöglichkeiten auf den Märkten sind reichhaltiger geworden. Gegen Ende der Patrizierherrschaft gibt es nur noch zwei Messen, die im Frühjahr und Herbst veranstaltet werden. Statt dessen wirtschaften das Kölner Gewerbe und die Kaufleute aktiv für andere Messeplätze wie Frankfurt, Antwerpen, die Messen in der Champagne und in Flandern. Die Hälfte des gesamten importierten Englandtuches setzen die Kölner allein in Frankreich ab.

In den Kölner Messen liegen auch die Wurzeln städtischen Geld- und Kreditwesens. Der Ansturm Tausender Besucher bringt die unterschiedlichsten Währungen mit. In Köln darf aber nur mit Kölnischer Währung gezahlt werden. Das Geldwechslergeschäft, das unter der genossenschaftlichen Aufsicht der „Münzer Hausgenossen" steht, erlebt somit eine Hochblüte.

Das mittelalterliche Marktviertel Kölns befindet sich auf dem Gebiet der heutigen Kölner Altstadt und erstreckt sich von der Hohe Straße zum Rhein und im Süden von der Rheingasse bis im Norden zur Kleinen Budengasse. Die Lage am Rheinhafen ist ideal. Der ehemals römische Hafen vor dem Rathaus ist inzwischen verlandet. Mit Erde aufgeschüttet, bietet er reichlich Platz für den Altermarkt, der im 12. Jahrhundert auch den Heumarkt namentlich mit einbezieht. Die Rheinnähe mit dem

Abraham Aubry überliefert uns das feierliche Bild einer Ratssitzung im Senatssaal des Kölner Rathauses um 1660. Zur Rechten und zur Linken sitzen die in Roben gekleideten Ratsherren. Vorne rechts, unter dem Baldachin, ist der Platz für die Altbürgermeister. Die amtierenden zwei Bürgermeister sitzen am Kopf, zwischen ihnen ist ein freier Platz für den Kaiser.

Hafen macht lange innerstädtische Transporte überflüssig, vor allem frische Ware kann direkt umgeschlagen werden.

Ein Blick auf die Karte des Marktviertels zeigt die vielfältigen Handelsquartiere, Plätze und Kaufhäuser in den Gassen und Straßen. Viele alte, bis heute erhaltene Namen und Standorte erinnern an das bunte Marktgeschehen. Einzelne Gassen und Plätze wie Fischmarkt, Salzgasse, Salzmarkt und Buttermarkt bezeugen auch die klare Gliederung

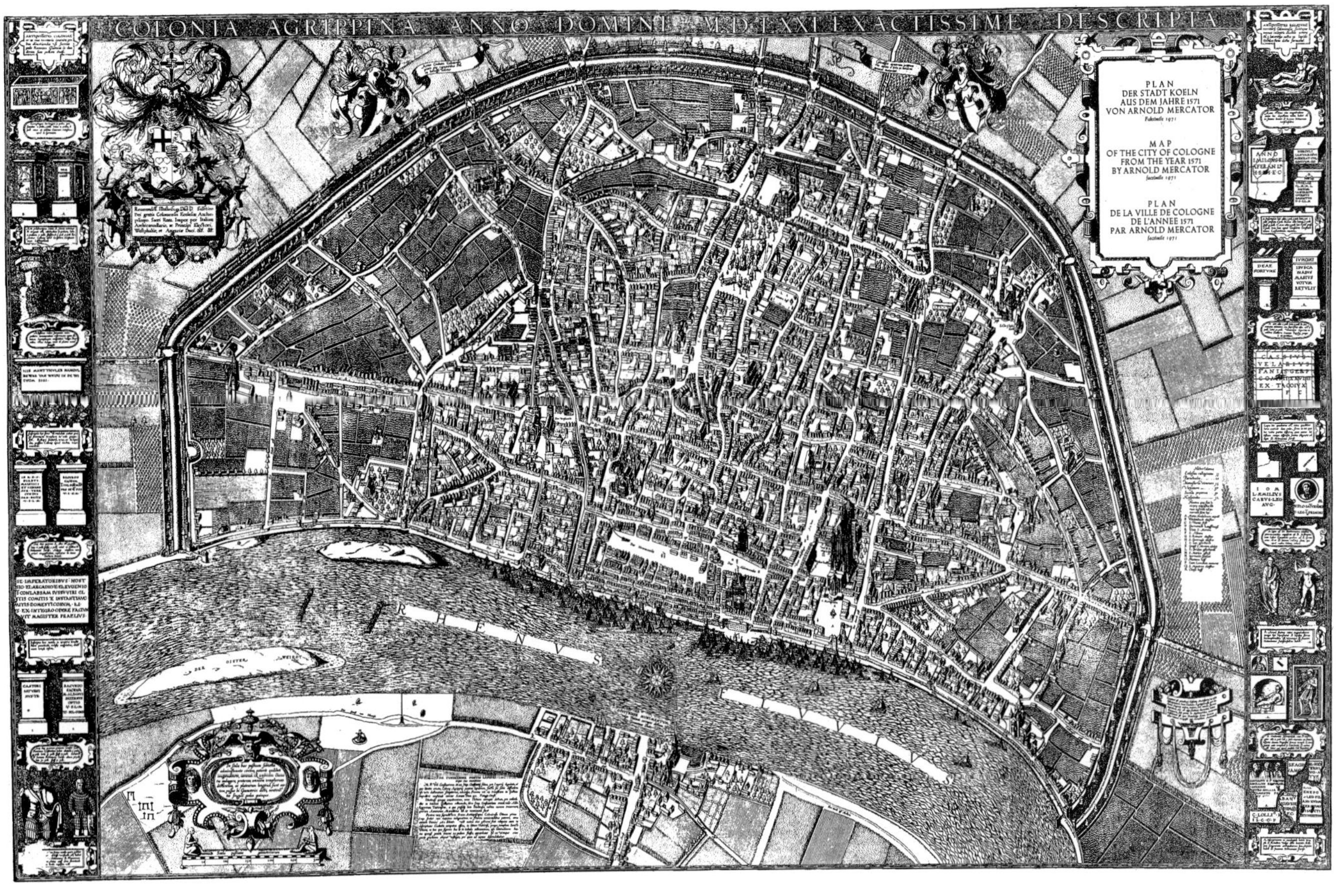

und Konzentration der angebotenen Waren. Hygienische und vor allem praktische Erwägungen spielen für die Kaufhäuser, Verkaufsstände und Buden eine ebenso wichtige Rolle. So liegen Fischkaufhaus und Fischmarkt direkt am nördlichen Hafen, wo die niederländischen Schiffe mit reichlich Fisch an Bord festmachen. Sie bringen auf ihrer Reise auch Salz mit, und so führt die Salzgasse von ihrem Hafenplatz direkt zum Salzmarkt am Altermarkt. Auf Heumarkt und Altermarkt konzentriert sich das eigentliche Marktgeschehen. In der Mitte der beiden Plätze steht die erzbischöfliche Münze, die Wechselstube. Die spätere städtische Münze wird neben dem Gürzenich, am Quatermarkt stehen. Auf dem Altermarkt ist ein bunter Basar, aufgebaut für Lebensmittel aller Art, Butter aus den Niederlanden oder dem Umkreis von Köln, Obst- und Gemüsestände, Gewürze, Drugwaren (Trockenwaren – im Mittelalter wurden viele Lebensmittel zur Konservierung getrocknet, gedörrt), Kurz- und Lederwaren, aber auch Haushaltswaren wie Geschirr aus Ton und Zinn. Wild, Geflügel und Eier sowie frische Häute werden auf dem Hühnermarkt angeboten. Auf dem Mittelteil des Heumarktes sind die Fleischbänke angesiedelt, die unter strenger Kontrolle wie auch die anderen Lebensmittelstände stehen. Minderwertiges Fleisch muß gesondert auf dem dafür eingerichteten „Kotzmarkt“ feilgeboten werden. Die Fleischbänke bleiben im Gegensatz zu anderen Verkaufseinrichtungen immer am gleichen Platz. Andere wechseln mit der Zeit den Stammplatz oder werden ganz aufgegeben, wie 1289 die Brothalle, weil fortan die Bäcker aus ihren eigenen Backstuben heraus verkaufen dürfen. Am südlichen Teil des Heumarktes ist der Getreidemarkt untergebracht. Ab 1492 ist dort auch eine Kornwaage fest installiert. Neben neuen Waren werden auch gebrauchte auf dem „Altrüschmarkt“ angeboten. Die Stände stehen sinnigerweise direkt vor der Münze des Erzbischofs.

Wie auch auf heutigen Märkten wird vom Boden, von Tischen und Bänken, von „Kramen“ und „Gaddemen“ aus verkauft. „Kramen“ sind

Um 1570 gibt der Kölner Stadtrat dem Duisburger Kartographen Arnold Mercator den Auftrag, eine exakte Ansicht von Köln aus der Vogelperspektive anzufertigen. Der abgebildete Ausschnitt aus dem meisterlichen Kupferstich zeigt das Kaufmannsviertel mit seinen Märkten, Kirchen, Kaufhäusern, dem Rathaus und dem Gürzenich detailgetreu.

Folgende Seiten:
Der Altermarkt mit dem Rathaus. Der kolorierte Kupferstich von Georg Balthasar Probst aus dem Jahre 1750 präsentiert das bunte Bazarleben, eingerahmt von der reichen, ringsum geschlossenen Architektur des Kaufmannsviertels.

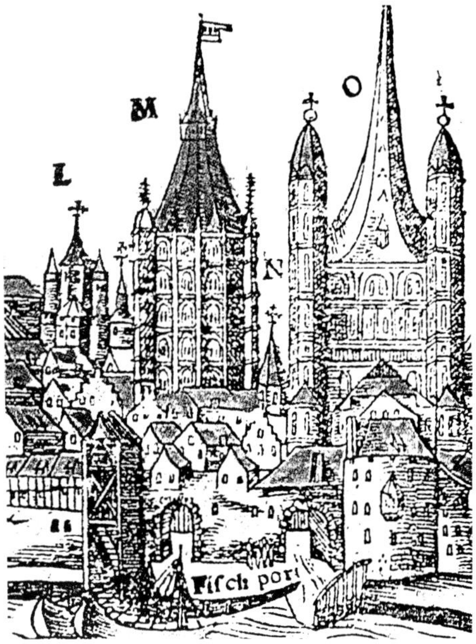

Der Ausschnitt aus dem Holzschnitt aus dem Jahre 1548 von Hans Rudolf Manuel Deutsch zeigt die Kölner „Fisch Portz" und davor die Anlegestelle der mit Fisch beladenen Schiffe.

Der Ausschnitt aus dem Kupferstich von Johann Toussyn und Abraham Aubry von 1650 zeigt eine lebendige Szene auf dem Altermarkt. Aus Bütten und von Tischen werden Fische verkauft. Links neben der Fischwaage die Händler mit Keramikgeschirr.

die kleinen Verkaufsbuden, die man bei Bedarf leicht auf- und abbauen kann, während die „Gaddemen" fest errichtete überdachte Bauten sind. Während landwirtschaftliche Produkte auch weiterhin auf den Märkten offen angeboten werden, verlagert sich der Verkauf gewerblicher Erzeugnisse ab dem 13. Jahrhundert in feste Kaufhäuser, Zunfthäuser oder in öffentliche Gebäude der Stadt. Eines der ersten Häuser dieser Art ist das Leinwandhaus der „Linwaitmenger", das die Leinwandhändler 1247 auf dem Heumarkt erwerben. 1278 und 1322 eröffnen ebenfalls am Heumarkt die Tuchverkaufhäuser „Haus Aachen" und „Haus Oversburg". 1371 werden beide Gebäude abgerissen und zwei Jahre später an gleicher Stelle eine Fleischhalle errichtet. Der Verbrauch und der Handelsbedarf in Köln sind so angewachsen, daß selbst auf Hanseschiffen gesalzenes Fleisch herbeigeschafft werden muß. Der Tuchverkauf geht stattdessen in der „Kölnischen Halle" weiter. Die Gewandschneider verkauften ihre Ware in der „Fremdenhalle" auf dem Altermarkt. Seit 1355 werden im Haus „Zum Hirtz" hinter dem Rathaus am Altermarkt hochwertige Luxus- und Gebrauchsgüter angeboten. Die heute noch bestehende Straße „Unter Seidmacher" erinnert an das 1395 bestehende Verkaufshaus der „Seidmacher". Ab 1360 existiert in der Mauthgasse ein Schlachthaus, in dem Vieh unter städtischer Aufsicht geschlachtet wird. 1388 ist der Bau eines Kaufhauses für Eisenwaren „Auf dem Malzbüchel" bezeugt. 1426 wird am Fischmarkt ein Fischhaus fertiggestellt, dessen Nachfolgebau von 1558 noch heute als „Stapelhaus" bezeichnet wird. Hier wird der Fisch nicht nur verkauft, sondern auch auf Qualität geprüft, gesalzen und verpackt. Der Verkauf von Seefischen ist durch spezialisierte Großhändler organisiert. Das Dreikronenbrandzeichen, das an Ort und Stelle auf die Tonnen gebrannt wird, ist im Zuge des Stapelrechts ein überall anerkanntes Qualitätszeichen.

Der Neumarkt, 1076 erstmalig erwähnt, nimmt schon durch seine Entfernung vom eigentlichen Marktviertel eine Sonderstellung ein. Als Markt wird er fast ausschließlich zur Ausstellung und zum Verkauf von Vieh genutzt. Die Lage, zum linksrheinischen Land gerichtet, und seine Größe bieten ideale Voraussetzungen für den Viehauftrieb. Ansonsten ist er mehr ein Austragsort für Feste und Exerzierplatz.

1441 entsteht in der Zeughausstraße bei St. Clara ein großes Kornhaus. Als Lager für Getreide, Salz und andere Waren dienen die Türme der Stadtbefestigung, so an der „Schafenpforte" oder im „Hahnentor". Die Bindung des Warenangebots an Verkaufshäuser und an feste Plätze ermöglicht eine bessere Qualitätskontrolle und die Gelegenheit zu ständigen Ausstellungen.

Im Jahr 1447 läßt sich der Rat der Stadt Köln für 300000 Silbermark den Gürzenich als Tanz- und Festhaus wiederaufbauen. Seit dem späten 15. Jahrhundert ist der prächtige Bau auch Kaufhaus. Leinen wird im Untergeschoß angeboten. Im darüberliegenden Stockwerk werden Eisenwaren und Metallteile zum Kauf feilgeboten.

Das Overstolzenhaus in der Rheingasse aus dem zweiten Viertel des 13. Jahrhunderts mit seinen prächtigen Arkadenfenstern und Stufengiebeln gilt als eines der wenigen erhaltenen Patrizierhäuser in der Kölner Altstadt.

Der Gürzenich, den sich der Kölner Stadtrat 1447 für 300000 Silbermark als Tanz- und Festhaus errichten läßt, dient seit dem späten 15. Jahrhundert auch als Kaufhaus. Das Wort „Gürzenich" – mittelhochdeutsch „Gurtzenich" – stammt von einer aus der Gegend von Düren abstammenden Landadelsfamilie, die am gleichen Platz bis 1233 ein Anwesen besaß.

Folgende Seiten:
Marktszene um 1650 vor der Stiftskirche St. Gereon von dem Niederländer Maler Berckheyde.

Häuser und Hallen bieten vor allem die geeigneten Voraussetzungen für die sogenannte „Akziseerhebung", die Warenbesteuerung. Fest installierte Leinen- und Garnwagen auf dem Altermarkt, Kraut- und Eisenwagen auf dem Malzbüchel, Korn- und Mehlwagen an der Pforte zur Rheingasse sind nicht nur die Instrumente des ehrlichen Kaufmanns, sie dienen auch zur Erhebung städtischer Steuern und Frachtabgaben, denn das Wiegemonopol liegt in den Händen der Stadt. Erst die strenge amtliche Prüfung der Warenqualität und eine Verpackung mit dem Wappen der Stadt sind die Bedingungen für die Bezeichnung „Kölnische Waren". Sie genießen in ganz Europa eine hohe Geltung.

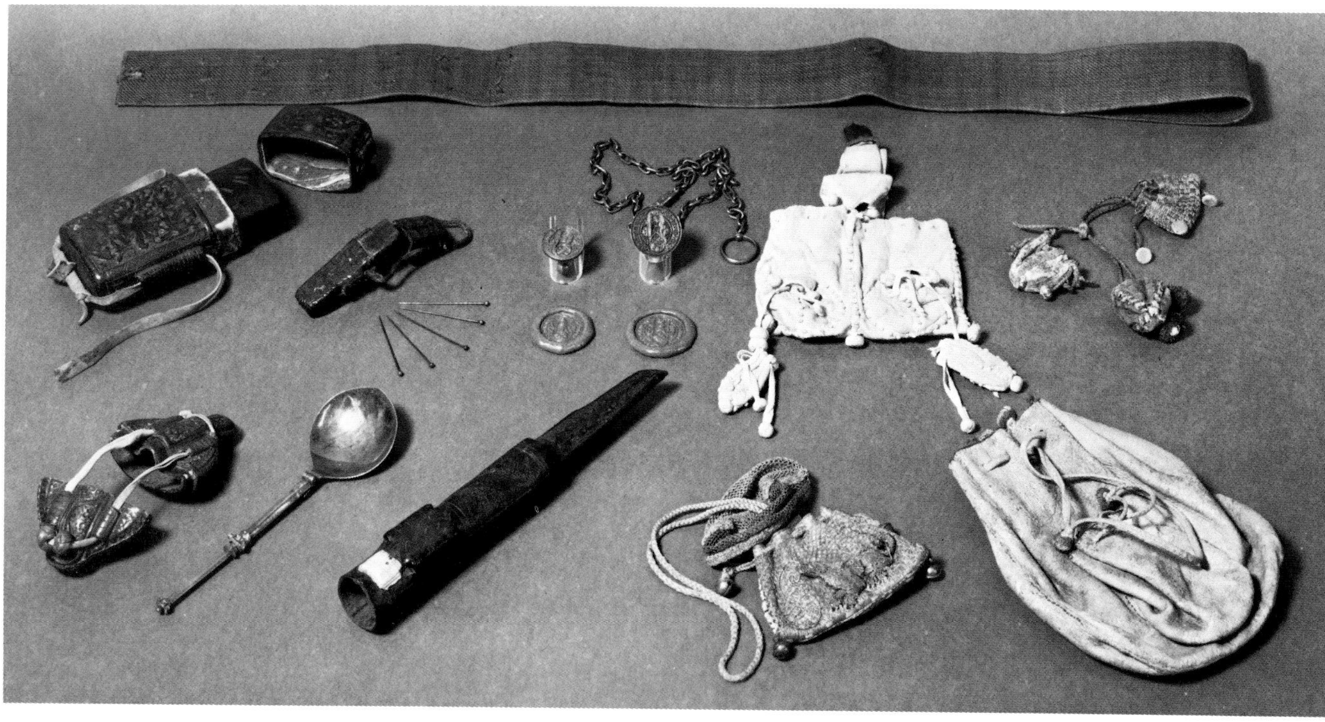

Die Utensilien eines Kaufmanns.

Die Wohnviertel der Hansekaufleute

Die Wohnviertel der einflußreichen Kölner Hansekaufleute liegen wie auch in den anderen Hansestädten in Marktnähe. Ihre Häuser sind vorwiegend im Westen der Kölner Altstadt, entlang der Hohe Straße, an der Marspforte, um die Märkte herum, in der Rheingasse und am Neumarkt erbaut. Die Familien Rinck, Hardevust, Overstolz und viele andere Kölner Patrizier lassen sich prächtige Bürgerhäuser errichten, von denen die Kriege der Jahrhunderte nur wenig übriggelassen haben. Einige sind nach dem letzten Weltkrieg noch einmal rekonstruiert worden. Ein herausragendes Beispiel ist das Overstolzenhaus in der Rheingasse, ein im zweiten Viertel des 13. Jahrhunderts erbautes Bürgerhaus mit prächtigen Arkadenfenstern und Stufengiebeln.

Die zahllosen Fernkaufleute, die den Markt- und Messeplatz Köln bereisen, finden Unterkunft in einer der vielen Herbergen und Wirtshäuser, die vorzugsweise in den Torstraßen der Stadt liegen. Zu den Nobelherbergen Kölns zählen die Häuser „Zur Goldenen Krone", „Zum Falkenstein" und „Zum Schwert". Sie liegen alle in der Straße „Am Hof". Am Thurnmarkt bietet das Haus „Zum heiligen Geist" gastliche Unterkunft. Hier hat auch Goethe später seinen Aufenthalt in Köln verbracht. Im direkten Umfeld der Herbergen haben sich die Kummetmacher und Schmiede angesiedelt, die Zaumzeug und Geschirr anbieten, Hufe beschlagen und die Wagen und Karren ausbessern. Fremde Kaufleute, die im ständigen Handelsaustausch mit Köln stehen, haben ihre Residenzen in der Nähe des Marktviertels. Das Kölner Stapelrecht, das den Handel zwischen Fremden verbietet, fördert die Ansiedlung vieler auswärtiger Kaufleute. An die Quartiere der Kaufleute erinnern noch die Namen von Häusern, Straßen und Gassen, die später Änderungen und Sanierungen der Altstadt zum Opfer fallen.

So verweist die Straßburger Gasse auf den Sitz reicher Kaufleute vom Oberrhein, die Friesengasse auf Häuser der Friesen, deren Kölner Handelszentrum vor dem 10. Jahrhundert in der Friesenstraße ist. Direkt am Heumarkt auf der Südwestseite sitzen im „Haus Brüssel" die Brabanter. Die maasländischen Kaufleute, die auch „Walen" genannt werden, haben ihr Domizil in der „Walengasse", unterhalb der Kirche Klein St. Martin. Die sächsischen Kaufleute sind im 12. Jahrhundert am Sachsenhof ansässig, und an der Südostecke des Heumarktes haben die Kaufleute aus Flandern im „Haus Gent" ihren Sitz.

Der Wert der Grundstücke im Kaufmanns- und Marktviertel steigt beständig an. Grund und Boden werden immer begehrter. Es kommt zu zahlreichen Besitzwechseln und Grundstücksübertragungen, was den frühmittelalterlichen mündlichen Kaufvertrag unter Zeugen unmöglich macht. Um 1135 beginnt daraufhin die Aufzeichnung der Liegenschaften auf Pergamentblättern, später in Buchform, auf den sogenannten „Schreinskarten", unterteilt nach den Kirchen- und Sondergemeinden. Trotzdem noch keine Eintragungspflicht besteht, werden Bezeichnung und Lage des Grundstücks, Eigentümer, Käufer und sogar deren Erben namentlich aufgeführt. Neben Häusern werden auch Verkaufsbuden und Marktstände in die Schreinskarten eingetragen. So sind diese Angaben die Grundlage für sichere Rechtsgeschäfte. Die Schreinskarten gehören heute zu den wichtigsten Überlieferungen aus dem Kölner Mittelalter. Gleichzeitig sind sie als die erste grundbuchliche Erfassung Deutschlands anzusehen. Der Begriff „Eigentum" tritt erstmalig in der deutschen Geschichte in Erscheinung.

Der abgebildete Ausschnitt aus dem Stadtplan Arnold Mercators von 1570 zeigt detailgetreu das Kaufmannsviertel von Köln mit seinen Märkten, Kirchen, Kaufhäusern, dem Rathaus und dem Gürzenich.

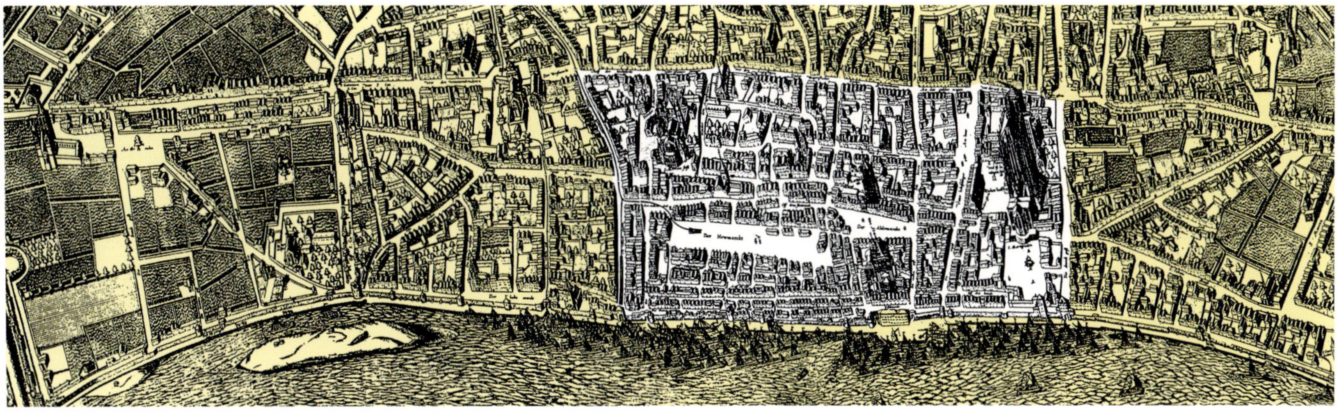

Kölner Bürgermeister Rinck
(Vorname unbekannt)

Die Rincks, eine Kölner Hansekaufmannsfamilie

Es hat sicher nie den typischen Hansekaufmann gegeben, dazu sind die landsmannschaftlichen und persönlichen Eigenheiten zu unterschiedlich gelagert. Wie die Herkunft und Veranlagung den Menschen individuell prägen, so präsentiert er sich auch im geschäftlichen Umgang und in der Art seines Geschäftes. Es gibt kaum einen Handel, den die Hanse nicht abzuwickeln weiß, und zwischen dem nach Stockfischen stinkenden Hansekaufmann aus dem norwegischen Bergen und dem reichen Lübecker oder Kölner Tuchkaufmann liegen sicher Welten. Allen gemeinsam sind allein der große Pioniergeist, die Zähigkeit entgegen aller Gefahren ein Unternehmen aufzubauen und zu betreiben, die Tüchtigkeit im Umgang mit Geld, die Freiheit und Wohlstand garantiert, und die Abenteuerlust.

All diese Eigenschaften vereinigen sich auch in Generationen der Kölner Familie Rinck, die in wenigen Jahren ein Firmenimperium aufbaut, das auch unter heutigen Voraussetzungen als ein multinationaler Konzern bezeichnet werden dürfte. Der Geschäftsumfang und die Beziehungen des Unternehmens erstrecken sich während der Blütezeit der Hanse im 15. Jahrhundert weit über das hansische Kerngebiet hinaus. Frankreich, Italien und das wirtschaftlich starke Oberdeutschland sind ebenso einbezogen wie der mittel- und ostdeutsche Raum und die Anrainerstaaten von Ost- und Westsee. Schwerpunkte liegen auf der für Köln lebenswichtigen Achse London, Antwerpen, Frankfurt, die den Zugang zu allen Märkten garantiert. So unterschiedlich wie die Handelsorte sind auch die Waren, die auf allen Land- und Wasserwegen unterwegs vom Abnehmer zum Empfänger sind. Das umfangreiche Warenangebot des Familienunternehmens würde jedem Mischkonzern Ehre machen. Es umfaßt von Waffen bis zu Gewürzen, vom Tuch bis zum Wein, vom Pelzwerk bis zu Edelmetallen alles, was der Markt hergibt und verlangt. Ein differenziertes Netz von einzelnen Handelsgesellschaften und Beteiligungen, bei denen Familienmitglieder meistens tonangebend sind, und die Zusammenarbeit mit anderen zahlreichen Handelshäusern, Fuhrunternehmern und Schiffern sichern, von der Kölner Firmenzentrale aus gesteuert, den wachsenden Aufstieg des Unternehmens.

Der Pionier und Firmengründer Johann Rinck hat sich zu Beginn des 15. Jahrhunderts von seiner Heimatstadt Korbach im Waldeckerland nach Köln aufgemacht, um in der reichen Handelsstadt am Rhein sein Kaufmannsglück zu versuchen. 1432 erwirbt er das Bürgerrecht und wird schon 1439 angesehener Ratsherr. Seine Ehe mit der Geirtgin von Blitterswich, deren reiche Familie bereits im Englandhandel fest engagiert ist, eröffnet ihm einen schnellen Ausbau seines Geschäftes. Geirtgin erweist sich zudem als kluge Hausfrau, die die Geschäfte selbständig führt, während er auf Geschäftsreisen weilt. Schon bald gehört Rinck zu den tonangebenden Hansekaufleuten am Stalhof. Das englische Königshaus beauftragt ihn als Überbringer einer jährlichen Rente in Höhe von 500 Pfund Sterling an den Pfalzgrafen Ludwig, Herzog von Bayern. Eine solche Aufgabe setzt Ansehen und Reichtum voraus, denn für den Betrag muß Rinck im Zweifelsfalle auch haften. Er besucht aber auch persönlich verschiedene Messen in Deutschland und Brabant. Zudem unterhält er Kontakte mit dem Elsaß und läßt sich in Oberdeutschland durch das Nürnberger Handelshaus Jordan vertreten.

Auch die vielfältigen Rückschläge und Risiken seines Handelsgeschäfts können den zielstrebigen Erfolg nicht verhindern. Die Liste der Schadensereignisse würde jeden modernen Versicherer abschrecken. Immer wieder werden seine Schiffe im Englandverkehr gekapert und ausgeraubt. Auf dem Landweg von Köln nach Anwerpen reiht sich ein Überfall an den anderen. Gleich drei hochbeladene Schiffe seiner Handelsgesellschaft fallen 1447 bei einer Sundfahrt von Danzig kommend in dänische Hände und können erst nach zähen Verhandlungen gerettet werden. Die großen Handelsgewinne, die er trotz der hohen Schäden erzielt, steckt er wie viele seiner Zeitgenossen in den Aufbau eines umfangreichen Immobilienvermögens, das ihm in seinem Kölner Zuhause und gegenüber seinen zahlreichen Gästen aus dem In- und Ausland das nötige Ansehen und die Kreditwürdigkeit verschafft. Wohnung und Firmensitz befinden sich in den Häusern „Nideggen" und „Heimbach" in dem Straßenstück „Unter Güldenwaagen", das später in der Hohe Straße aufgeht. Neun weitere Häuser in bevorzugter Lage sichern Pachten und Mieteinkünfte.

Als er um 1450 auf dem Höhepunkt seiner Unternehmerlaufbahn angelangt ist, überläßt er die aufreibende Reisetätigkeit seinem Neffen Hermann und seinem Schwiegersohn Johann Dass d.J., dem Sohn seines langjährigen Teilhabers Johann Dass. So kann er von Köln aus die Geschäfte dirigieren. Mit Hilfe seiner Teilhaber hat Rinck ein Handelsimperium mit Beziehungen zu zahlreichen Städten im In- und Ausland aufgebaut. Eine funktionierende Transportorganisation mit eigenen und in Lohnarbeit beschäftigten Fuhrleuten und Schiffsführern bewegt seine Waren an die Zielorte oder zu den Wirten, die die Weiterleitung der Waren vermitteln. Es ist durchaus nicht die Regel, daß Kölner Hansekaufleute eigene Seeschiffe unterhalten. Für die immerhin 80 Jahre im Englandgeschäft engagierte Familie wird auch das zur Selbstverständlichkeit.

Straßenverkäufer für Material zur Flachsverarbeitung

Die mit Ölfarben auf Holz gemalten Stifterporträts – vermutlich um 1485 von einem unbekannten Zeitgenossen des Meisters der Marienverehrung geschaffen – zeigen die Kölner Hansekaufleute Johann (links) und Peter Rinck.

Für einen hansischen Wirtschaftsführer wie Johann Rinck ist es selbstverständlich und notwendig, auch politische Aufgaben und Ämter zu übernehmen. Als Ratsherr vertritt er von 1439–1460 die Interessen der Gaffel Windeck, in der die Englandfahrer organisiert sind. Während dieser Zeit bekleidet er abwechselnd weitere öffentliche Ämter. 1452 ist er Fischmarktmeister, von 1452 bis 1453 Kornherr, 1454 hat er die Aufsicht über die Ärzte und Barbiere der Stadt. Seine weitreichenden Beziehungen und sein diplomatisches Geschick kommen der Stadt immer wieder zugute, so etwa 1446, als er in Frankfurt die Zollangelegenheiten im Interesse Kölns aushandelt. Als Johann Rinck aus dem Geschäftsleben ausscheidet, hinterläßt er seinen Nachfolgern ein erfolgreiches Unternehmen, das in den kommenden Jahren noch erheblich wachsen soll.

An Stelle seines Sohnes Peter, der einer erfolgreichen Universitätslaufbahn den Vorzug gibt, treten Hermann Rinck, sein Neffe, und der Schwiegersohn Dass an die Unternehmensspitze. Sie intensivieren vor allem das Westgeschäft im Hanseraum und vertiefen ihre Kontakte mit Oberdeutschland. Die für Köln so wichtige Rheinschiene wird auch für sie zum bedeutendsten Handelsweg. Das Handelsvolumen wird noch erheblich gesteigert. Englische Wolltuche werden über Brügge und Antwerpen, Köln und Frankfurt und von dort nach Osten und Oberdeutschland dirigiert. Auf dem Rückweg gelangen oberdeutscher „Barchent", ein Baumwollflanell, und Safran vom Augsburger Markt in die brabantischen Städte und nach England. Im Siegerland und Sauerland kaufen die Rincks große Stahlmengen auf, um sie auf dem englischen Markt anzubieten. Ganze Schiffsladungen voll Süd- und Rheinweinen, Salz aus Frankreich, Gewürze, Pelze, Seife, Waffen, Getreide, Butter, Oliven, Käse und Fisch nehmen die gleiche Richtung. Auf dem Kölner Markt handeln die Rincks vorwiegend mit Wachs, Wein und Barchent. Die bevorzugten Häfen liegen in Calais, Middelburg und Antwerpen.

Das Stammhaus des Firmengründers ist längst zu klein geworden. Der Neffe und Nachfolger Hermann verlegt es abwechselnd von der Schildergasse zur Hohe Straße. Von 1448–1464 werden die Häuser „Zum großen Atfang", „Haus Lewenstein" in der Hohe Straße und zuletzt „Haus Königstein" in der Schildergasse erworben und ausgebaut. Zusammen mit den Nachbargrundstücken gehört fast das ganze Viertel Schildergasse/Perlenpfuhl zum Besitz der Familie. Ende des 15. und Anfang des 16. Jahrhunderts sind der „Rinckenhof" in der Nähe des Klosters St. Mauritus, der heutigen „Wolkenburg", und etliche weitere Zins- und Pachthäuser im Besitz der Familie, so etwa am Heumarkt „Haus Pallas" und mehrere Dachwohnungen sowie ein Brauhaus in der Schildergasse.

Typisch für die Kaufmannsfamilien des Mittelalters ist die „Versippung" in den Folgegenerationen. Eine gezielte Heiratspolitik bietet die Grundlage dafür, daß Geld nicht nur in der Familie bleibt, sondern nach Möglichkeit durch Einheirat in reiche und einflußreiche Familien gemehrt wird. Damit wird gleichzeitig mißliebige Konkurrenz ausgeschaltet. Ausgeklügelte Erbverträge verhindern zusätzlich einseitigen Kapitalentzug und fördern den Grundsatz, daß das Begehren des Einzelnen sich immer der Existenz und dem Wohl der Firma unterzuordnen hat. Am Rinckschen Stammbaum lassen sich daher Heiratspolitik und Erbfolge in logischer Konsequenz erklären. Hermann Rinck heiratet die Druitgin von Dalen, deren Schwester die Frau seines Gesellschafters Hauwysers ist. Von seinen elf Kindern heiraten allein fünf Töchter in so bekannte Kaufmannsfamilien wie Sudermann, van Wesel, Kannengießer und Palmen ein, die in England und Oberdeutschland handeln und erfolgreich tätig sind. Sein Sohn Hermann hat das besondere Glück, die Erbin der Kupferwerke von Heinrich Struyss zu ehelichen, was dem Rinckschen Handelsunternehmen zu weiterem großen Erfolg verhilft.

Das Kirchspiel von St. Kolumba ist ein vornehmes Wohnviertel in der Kölner Hansezeit. Die Hansekaufmannsfamilie Rinck sorgt sich über Generationen hinweg um den Erhalt und Ausbau der Kirche, die heute leider ein ruinöses Bild abgibt.

Hermann Rinck gelingt es auch, im politischen Bereich noch zu höheren Ehren als sein Onkel Johann zu kommen. 1468–1490 vertritt er die Gaffel Windeck im Rat der Stadt Köln. In den Jahren 1480, 1483 und 1488 ist er Bürgermeister, 1481 und 1482 Rentmeister, 1475 Rheinmeister. Gemeinsam mit Hermann van Wesel gehört er zu den Spitzenmännern des Londoner Stalhofs. Sein hohes diplomatisches Geschick kann er als Vertreter der Stadt Köln 1476 auf der Tagfahrt zu Lübeck und im gleichen Jahr zur „Bremer Konkordie" beweisen, wo er erfolgreich dazu beiträgt, daß die „Verhansung" Kölns aufgehoben wird. Das große Vertrauen, das die Hanse ihm entgegenbringt, beweist auch der an ihn gestellte Auftrag, die Stalhofkasse 1490 nach Köln zu überweisen. Während Hermann Rinck noch das Führungsamt der Familiengesellschaft innehat, bereiten sich Johann II., Hermann II. und Conrad II. auf die Nachfolge vor. Johann II., der älteste Sohn, ist gerade 26 Jahre alt. Trotzdem muß er die Gesellschaft mit seinen Brüdern in London verantwortlich vertreten.

Der Aufenthalt am Stalhof gehört zur Pflicht der heranwachsenden Kölner Hansekaufleute. Hinter den Mauern des Kontors lernen sie Disziplin, müssen beweisen, ob sie den späteren Aufgaben nicht nur gewachsen, sondern auch in der Lage sind, sich zu profilieren. Hermann II. entwickelt neben seiner Handelstätigkeit vorzügliche Kontakte zum englischen Königshaus. Als kaiserlicher Ritter und Rat des englischen Königshofes belohnt ihn Heinrich IV. im Jahre 1502 sogar für seine diplomatischen Dienste mit einer Jahresrente von 20 bis 30 Pfund Sterling.

Sein Bruder, Johann II., hat ebenso großen geschäftlichen Erfolg, fordert aber, vom harten Dasein seines Kaufmannslebens gezeichnet, daß seine Kinder die Universitätslaufbahn einschlagen. Er vermittelt ihnen Studienplätze in Paris, Italien und Köln. Sein gleichnamiger Sohn promoviert 1518 als Jurist und wird 1558, wie schon 1448 sein Großonkel Peter, zum Rektor der Universität Köln gewählt. Der kaufmännischen Neigung, die er vom Vater geerbt hat, kann er aber wohl nicht ganz entsagen. Etwas spöttisch spricht man daher in der Kölner Kaufmannschaft von dem Gelehrten, der Handel mit englischen Tüchern treibe.

Die Familiengeschichte der Rincks geht auch in die Geschichte des großen Kölner Mäzenatentums ein. Mit zahlreichen Stiftungen beteiligt sich jede Generation der Familie an der Architektur, der Malerei und Bildhauerei in der Stadt. Besondere Zuwendungen erhalten die Kirchen und Klöster. Als eine große Leistung sind der Ausbau und die Erweiterung der Kirche St. Kolumba in der zweiten Hälfte des 15. Jahrhunderts zu bewerten. Die unter Johann I. begonnenen Baumaßnahmen setzen seine Kinder anschließend fort. Sie finanzieren den überwiegenden Teil der hohen Kosten, lassen die Marienkapelle erbauen und statten die Kirche im Innern reich aus. Dr. Peter Rinck, der eine Ausbildung bei den Kölner Kartäusern genossen hat, stiftet dem Kloster mehrere Bauten. Er läßt das Kapitelhaus 1455 errichten, und 1465 schenkt er dem Konvent einen Gutshof. Die Klosterkirche stattet er mit zahlreichen Bildwerken der berühmten Kölner Malerschule des 15. Jahrhunderts aus. Mit zahlreichen Schenkungen werden auch Klöster, Kirchen, die Armen und Kranken im weiten Umfeld von Köln und in der Heimatstadt der Rincks in Korbach bedacht.

Köln, eine hansische Gewerbestadt

So wie Märkte und Messen, Kunst und Kultur das mittelalterliche hansische Köln zu einem Magneten für viele tausend Besucher machen, den Reichtum der Stadt begründen und mehren, so setzt das Kölner Gewerbe noch vor dem Kaufmannstum die Fundamente wirtschaftlicher Macht. Das gewerbliche Köln ist zugleich die Wiege der Kaufmannsstadt und des Fernhändlertums. Die Handelstätigkeit des Handwerkers entwickelt sich durch das Marktwesen in Köln. Hier ist täglich Markt und das Absatzvolumen ist groß. Die Übergänge von der zunächst nebenberuflichen Handelstätigkeit, dem Verkauf der selbsthergestellten Waren und der Besorgung von Rohstoffen für den eigenen Betrieb, bis zur Verlagstätigkeit – der Vergabe von Lohnarbeit an Subunternehmer – und dem dann folgenden hauptberuflichen Handelsgeschäft sind fließend. Bei steigender Nachfrage besucht der Handwerker und Verleger zum Teil selbst die Rohstoffmärkte in Frankfurt und in den Niederlanden. Er beginnt, Waren auch für andere mit nach Köln zu bringen. Der Kontakt zum Fernhändlertum und zu neuen Produkten und Märkten wächst. Im Endeffekt ist der Handwerker nur noch als Ideen- und Auftraggeber, Konfektionär oder Rohstoffeinkäufer für sein Gewerbe tätig. Auch ohne den Zustrom fertiger Waren ist das Angebot städtischer Handwerks- und Industriebetriebe umfangreich. Viele Straßennamen erinnern noch im heutigen Köln an die zahlreichen Handwerksbetriebe und ihre Lage.

Steinmetze bei der Arbeit,
Holzschnitt Ende 14. Jahrhundert.

Textilgewerbe

Den wirtschaftlichen Vorreiter und die beste und einflußreichste Organisation bildet das Textilgewerbe Kölns. Mitte des 14. Jahrhunderts erreicht die Herstellung von Wolltuchen einen Produktionsstand von bis zu 20000 Tuchen im Jahr. Die hergestellte Ware hat Spitzenqualität und läßt sich mit den Produkten der Maasstädte Huy und Maastricht oder mit den hochwertigen Aachener Tuchen gut vergleichen. Zur gleichen Zeit kommen Leinwand- und Tirteyprodukte – leichte Mischgewebe aus Wolle und Leinwand – für die breiteren und ärmeren Schichten auf eine Jahresproduktion von bis zu 8000 Tuchen. Zu Beginn des 15. Jahrhunderts setzt sich die Herstellung von Barchent durch. Der Trend in den Käuferschichten geht zu feinen, leichteren Waren. Die Produktion selbst ist längst über den Rahmen des kleinen Handwerksmeisters und Webers hinausgewachsen. Sie ist ausgerichtet auf die großen Märkte und Messen. In größerem Umfang wird jedoch auch für einzelne Auftraggeber gearbeitet.

Der Mangel an städtischem Raum, das Fehlen ausreichender Wassermengen für die Verarbeitung und das Arbeitsangebot des Umlandes be-

Ein Detail aus einem kostbaren Meßgewand. Die wertvollen Gewänder der mittelalterlichen Liturgie gehören zu den teuersten Kölner Handelsprodukten während der Hansezeit.

schleunigen die Entwicklung des Verlagswesens, das in keinem anderen Gewerbezweig so deutlich wird. Von Koblenz über Westerwald und Eifel bis an die Stadtgrenzen Aachens liegen Web-, Färbe- und Zurichtebetriebe, die zusammengefaßt zu Tuchverlagen die Herstellung im Großen ermöglichen. Im Textilgewerbe zeigt sich auch deutlich der fließende Übergang vom Weber zum Kaufmann. Der Verleger, der ursprünglich von der kaufmännischen Seite kommt, gehört jetzt beiden Berufsrichtungen an.

Das Verlagswesen ist ebenso ausgeprägt in der Seidenverarbeitung, die seit dem 13. Jahrhundert in Köln besteht und sich rasch einen großen Marktanteil verschafft. Mit der Produktion von Seide sind auch die Berufe der Bortensticker, Gold- und Silberspinnerinnen eng verbunden. Letztere haben sich in einer eigenen, nur für Köln typischen Zunft zusammengeschlossen. Der Bedarf an hochwertigen Stickarbeiten für die Höfe der geistlichen und weltlichen Herrscher ist enorm. Ware, die aus Köln kommt, ist besonders begehrt.

Auch die Farbe der Stoffe wird nicht dem Zufall überlassen. Das Blau der Waidpflanze, die direkt vor den Toren Kölns wächst, und das Rot der Krappflanze, die aus Frankreich oder vom Oberrhein herangeschafft wird, sind die typischen Farben, die die Färber in der Rheinvorstadt für „Kölnisches Tuch" verwenden.

Neben dem reinen Tuchverkauf spielt das Konfektionsgewerbe eine große Rolle. Gewandschneider, wie die Verleger Waveren, Eilsich und Bonenberg, versorgen im 15. Jahrhundert mit ihrer Serienproduktion große Märkte. Allein Waveren bringt es auf einen Jahresverbrauch von 373 Tuchen für die Herstellung von Hosen, Kleidern und Gewändern.

Kürschner und Lederverarbeiter

Pelze und Lederwaren sind die Symbole des mittelalterlichen Wohlstands. Kölns Kürschner und Lederverarbeiter profitieren von der großen Nachfrage, die hansischer Handel und die steigende wirtschaftliche Entwicklung auslösen. Vom einfachen Kaninchen- oder Lammfell bis zum Persianerfell aus Südrußland wird alles kunstvoll verarbeitet zu Futterkrägen, Mänteln und Mützen, Handschuhen oder Altardecken. Die Vielfalt des Ledergewerbes gibt allein die Anzahl der in Zünften organisierten Berufe wieder. Von den Lohgerbern angefangen bis zu den Handschuh-, Beutel-, Taschen- und Kummetmachern (den Sattlern), den Schuhmachern und Riemenschneidern sind zahlreiche Betriebe der Stadt mit der Verarbeitung und Zurichtung von Kalb-, Rind-, Schaf-, Hasen-, Rentier- und Ziegenfellen beschäftigt. Einzelne Zünfte teilen sich noch in Untergruppen auf. So findet man in der Gruppe der Schuhmacher Spezialbetriebe für Kinderschuhwerk, Erwachsenenschuhe, Schuhflicker und Altruischer, die altes Schuhwerk aufarbeiten.

Metallgewerbe

Köln genießt im 15. Jahrhundert eine Spitzenstellung im mitteleuropäischen Metallgewerbe. Vom einfachen geschmiedeten Hufnagel bis zur tonnenschweren Glocke, vom Kupferkessel bis zum gußeisernen Ofen, von der eisernen Ritterrüstung bis zur goldenen Monstranz erstreckt sich eine reichhaltige Palette von Waren, die überall begehrt sind. Zwischen dem Hufschmied an der Ecke und dem Goldschmied liegen Welten, die im gesellschaftlichen wie im zünftischen Leben ihren Ausdruck finden. Das Geschäft mit Gold und Silber setzt Kapital und Beziehungen voraus. Werkstücke vom Ring bis zur edelsteinbesetzten Goldkrone sind so erlesen wie die Kundschaft. Unter den Auftraggebern finden sich Kaiser, Könige, Herzöge, die hohe Geistlichkeit und das vornehme Bürgertum aus dem gesamten europäischen Raum von London bis Venedig, von Brügge bis ins Baltikum und weit über das Hansegebiet hinaus. Auch das reiche Kölner Patriziat, der Erzbischof und die ansässigen Klöster und Stifte gehören zu den Großkunden.

In einer Welt unsicheren, schlechten Geldes sind Gold und Silber die besten Zahlungsmittel. Kein Wunder, daß das Edelmetallgewerbe auch im Geld- und Darlehensgeschäft zu Hause ist. Darum sitzen Goldschmiede schon bald in den Reihen der Münzer Hausgenossen. Sie investieren verdientes Geld aber auch im Weinhandel, im Gewandschnitt oder anderen einträglichen Gewerben. Der Zugang zu ihrem Berufsstand ist begehrt, aber nicht leicht. Wer in der Zunft der 130 Goldschmiede und Goldschläger des 15. Jahrhunderts Zugang finden will, muß erst acht Lehrjahre absolvieren. Die harte Lehrzeit stößt trotzdem viele Bewerber nicht ab. Der Zustrom von Gesellen, die die Kölnische Goldschmiedekunst oder die Goldschlägerei (Herstellung von Blattgold und Goldfäden für Spinnereien und Stickereien) lernen wollen, ist ungebrochen.

Ein reiches Betätigungsfeld findet sich auch im Buntmetallgewerbe. Glocken, Kanonen, Blech, Draht, Nägel und Nadeln, Kessel, Braupfannen, Geschirr in großen Mengen sind nur einige der vielen Kölner Produkte, die den Markt bereichern und in den Export gehen. Eisen und Stahl sind die Rohstoffe für die im Mittelalter hochbegehrten Kölner Waffen. Die großen und kleinen Kriege und Auseinandersetzungen im Handelsraum der Hanse, das wachsende Schutz- und Verteidigungsbedürfnis der Städte und des einzelnen Bürgers schaffen eine ungeheurere Nachfrage. Die Erfindung des Schwarzpulvers und der Feuerwaffen setzt neue Maßstäbe in der Rüstung. Aus Kölner Schmieden und Verlegerbetrieben ist vom einfachen Dolch bis zur Schiffskanone, vom Schwert bis zur Ritterrüstung alles zu haben, was dem Kriegshandwerk dienlich ist.

Die im Kölner Stadtmuseum zu besichtigende Dreiviertelrüstung aus Eisenblech ist vermutlich um 1640 hergestellt. Sie ist mit Linien, Auszakkungen der Schienenränder und durch den mit Bindfadenlinien versehenen Rand verziert.

Bierstadt Köln

Einem althansischen Spruch zufolge ist Köln „ein Weinhaus". Aber seit fast 1000 Jahren pflegt die Domstadt auch die hohe Tradition der Braukunst. Bier ist neben Wein ein bevorzugtes mittelalterliches Getränk und damit auch ein wichtiges Handelsgut der Hanse. Kölns Anteil an der Bierproduktion ist nicht unerheblich. Die Steuerlisten ab dem 16. Jahrhundert beweisen, daß der Bierausstoß den Weinverkauf bei weitem übertrifft. 1435 sind allein 21 Brauhäuser in Köln angesiedelt. Eine typische Brauereistraße ist der Eigelstein. Zehn Dickbier-, sieben Dünnbier- und vier Hopfenbrauereien kommen auf einen jährlichen Bierausstoß von 54600 Hektoliter. 1494 schon hat sich die Zahl der in einer eigenen Gaffel organisierten Brauhäuser verdoppelt und der Bierausstoß auf knapp 70000 Hektoliter erhöht. Statistisch betrachtet trinkt jeder Kölner mehr als zwei Hektoliter pro Jahr. Was die Statistik nicht erfaßt, sind die vielen privaten Braustätten, denn das bürgerliche Recht verbietet niemandem die eigene Bierherstellung. Sechs Klöster der Stadt betreiben ebenso eigene Sudhäuser. Das Hopfenbier setzt sich als sauberes, bitterherb gewürztes, haltbares Getränk erst seit der Mitte des 15. Jahrhunderts durch. Es löst das süßlich schmeckende, leicht verderbliche und stark alkoholische Grutbier ab, das bis dahin gebraut wird.

Welch ein Glück die Eidesformel des Brauamtes von 1698 dem Kölschtrinker von heute beschert, kann nur ermessen, der sich vorstellt, was im Grutbier als Ersatz für den Hopfen verwendet wird. Von Faulbaumrinde über Enzian, Fieberklee, Besenginster bis zu Eschenblättern

Das Wappen der Kölner Brauerzunft (um 1250)

und Isländischem Moos reicht die Palette der Inhaltsstoffe, die dem Gebräu die richtige Würze vermitteln sollen. „Mord und Tod", „Kuhmaul" oder „Dollbier" sind die unzweifelhaft wahrheitsgemäßen Bezeichnungen, die der Volksmund dafür hat. Stetig steigend, ist die Zahl der Brauereien im 16. Jahrhundert fast so groß wie die der Bäckereibetriebe. Für die Stadt gehören Hopfen- und Malzakzise und die Büttensteuer zu den größten Einnahmequellen. 1572 wird eine Malzmühle errichtet. Auch der Handel mit den Grundstoffen – Malz aus Holland, Hopfen aus der Soester Börde und Gerste –, an dem sich die Brauer selbst beteiligen, hat großen Zuwachs.

„Kölnische Waren" – die Markenartikel der Hanse

Der Zusatz „Kölnisch" im Warenangebot – Kölnisches Salz, Kölnischer Wein, Kölnisches Tuch, Kölnischer Hering – ist während der Hansezeit ein Inbegriff hochwertiger Qualität im ganzen europäischen Raum. „Kölnische Waren" haben den Stellenwert heutiger Markenartikel. Das strenge Stapelrecht zwingt den reisenden Kaufmann nicht nur, seine Waren in Köln auszuladen und zum Kauf anzubieten, sie legt seinem Angebot ebenso harte Qualitätsprüfungen auf, bevor er die Waren zum Markt trägt. Das Handwerk achtet auf die Einhaltung höchster Qualitätsmaßstäbe. Die Anwesenheit zahlreicher konkurrierender Kaufleute aus dem In- und Ausland stellt eine zusätzliche Forderung an das heimische Gewerbe. Nur wer Spitzenleistungen erbringt, kann sich auf den harten Märkten bewähren. Der Begriff „Kölnisch" kennzeichnet folglich die vor Ort hergestellten Waren ebenso wie die aus dem Ausland importierten und die von Kölnern veredelten, zugerichteten, neu verpackten oder nur qualitätsgeprüften Waren und Güter. So legt die Zunftordnung der Wollenweber im 13. Jahrhundert die genauen Vorschriften fest, welche Länge, Breite und welches Gewicht die Tuche haben müssen und wie sie zugerichtet sein sollen. Im 14. Jahrhundert betragen die Maße für ein Tuch 48 Ellen Länge (1 Elle = 57,6 Zentimeter) und 1 Elle Breite. Qualitätsstempel, Brandzeichen und Verpackung garantieren Qualität und Herkunft der Ware. So werden Tuche nach ihrer Prüfung „gestalt" (gestempelt), und das Dreikronenbrandzeichen auf den Heringsfässern, die nach Mittel- und Oberdeutschland transportiert werden, ist das Gütezeichen für gewogenen und für gut befundenen Fisch.

Die Brandzeichen der Heringsröder aus dem 16. Jahrhundert sind die begehrten Qualitätszeichen für in Köln geprüften Fisch. Sie werden auf Tonnen und Kisten gebracht.

Fische wie diese Heringe aus Holland oder von den skandinavischen Küsten, in Fässern eingesalzen, sind eine beliebte Fastenspeise und werden in großen Mengen von der Hanse gehandelt.

Köln ist ein wichtiger Umschlagplatz für den Hering, der von hier aus über den Rhein bis weit nach Oberdeutschland vertrieben wird.

Akzisen und Zölle

Die Qualitätsprüfungen, die einen hohen Verwaltungsaufwand verursachen, liegen besonders im städtischen und erzbischöflichen Interesse. Was für die Kaufleute ein wirksames Verkaufsförderungsinstrument ist, bedeutet für Köln und seine Stadtherren eine reiche Einnahmequelle. Der Zoll und die Akzise, die sprudelnden Steuerquellen des Mittelalters, wandern in die Kassen der Stadt und des Erzbischofs. Von Einheitlichkeit der Verzollung oder Versteuerung kann dabei keine Rede sein. Ein Dickicht von Abgabebestimmungen durchzieht jede Stadt, jedes Territorium. Für den Kaufmann erscheint dies kaum übersehbar, und die Differenzierung nach Warenart, Herkunftsart, Reiseziel, Transportart und Territorium erschwert ein kalkulierbares Warenangebot. Zudem ist der Willkür einzelner Landesherren Tür und Tor geöffnet, und selbst feste Privilegienverträge zwischen Städten und Herrschaften unterliegen tagespolitischen Stimmungen. Wer im Fernhandel aktiv tätig ist, kann schon deshalb auf den Schutz, das Know how und die Beziehungen, die von regionalen Niederlassungen ausgehen, nicht verzichten.

Wie umfangreich und vielschichtig der Besteuerungsvorgang in einer Stadt abläuft, zeigt das Beispiel der Weinakzise, der für Köln lange Zeit größten Einnahmequelle. Bis der Gast sein Glas zum Munde führen darf, hat der Wein mehrere Steuer- und Abgabenhürden zu überwinden. Das amtliche Maß der „Röder" ist die Grundlage für die Besteuerung. Bevor die städtischen Kranenmeister im Hafen mit der Seilwinde die Fässer von Bord hieven, müssen die Fässer adressiert und der Rauminhalt gemessen sein. Nur durch die Salzgassenpforte darf der Wein auf das Stadtgebiet gelangen. Dort wartet schon der Weinakzisemeister auf die Importeure, die er namentlich mit ihrer Liefermenge in seiner Buchführung erfaßt und die Steuer gleich bar eintreibt. Weinakzise wird ab 1478 auch auf Sendungen erhoben, die Kölner Kaufleute im Streckengeschäft direkt vom Elsaß in brabantische Städte über Land transportieren. Auf ein „Fuder", das sind 375 Liter, entfallen 2 Mark Steuer.

Hat der Wein schließlich die Keller der zahlreichen Tavernen und Wirtschaften erreicht, ist schon das nächste Organ städtischer Steuerobrigkeit zur Stelle. Die Zapfgerechtigkeit zu erteilen, liegt bis 1370 in den Händen der Richerzeche und später in der Obhut des Rates. Er bedient sich der „Weinschule", einer Kontrollbehörde mit Sitz in der Rheingasse, die dem Wirt gleich vier Fachleute ins Haus schickt. „Zapfer", „Schenk",

An der Salzpforte zur Salzgasse wacht der Weinakzisemeister über die Liefermenge und die ordnungsgemäße Versteuerung der angelieferten Weinfässer.

Der Turmhof in Zündorf, der alte Burgturm an der „Groov", einem natürlichen kleinen Rheinhafen, spielt vermutlich während der Zeit des Kölner Stapelrechts eine Rolle bei der Umgehung des Stapels. Viele Schiffe werden hier entladen, die Waren auf dem Landwege rechtsrheinisch an Köln vorbei bis nach Mülheim transportiert und dort wieder verladen.

„Ausrufer" und schließlich der „Kistensitzer", der die Abrechnung erstellt, halten ihre Augen auf das genaue Trinkmaß. Die Akziseerhebung richtet sich nach dem ausgeschenkten Maß. Selbst der Bürger ist vor den Kontrollen der Stadt nicht sicher. Schon beim Verdacht auf unerlaubten Weinausschank hat er den „Besehern" der Weinschule freien Zugang zum Weinkeller zu verschaffen.

Neben der Akzise belasten die unterschiedlichen Zollabgaben den Kaufmann und seine Ware. Allein 31 Zollstationen zählt man am Rhein von Basel bis Köln im 16. Jahrhundert; ein leidiges Übel, an dem sich Landesherren trotz teilweiser königlicher Verbote und vereinbarter Privilegien schadlos halten. Die „Koblenzer Zollrolle" gilt als eine der bedeutendsten Quellen rheinischer Wirtschaftsgeschichte. Die vermutlich Mitte des 11. Jahrhunderts angelegte Niederschrift bezeugt die vielfältigen mittelalterlichen Wirtschaftsbeziehungen entlang des Rheins und von dort in alle Himmelsrichtungen. Der Handel, der sich von Oberitalien bis zur Nordsee erstreckt, und die wichtigsten Handelsmetropolen von Böhmen bis Flandern sind alle aufgeführt. Neben Schiffen und ihren Ladungen wird auch der Landverkehr mit Saumtieren und Sklaven vom Zolltarif erfaßt. Gezahlt wird in Naturalien und Geld. Gestaffelt ist der

Das Bild des Düsseldorfer Malers Wilhelm Pütz zeigt den in der Zeit nach der Hanse heruntergekommenen Zollhafen vor Groß St. Martin um 1835. Die im Vergleich zu früheren Rheinansichten wenigen Schiffe, die nicht mehr existierende Uferstraße und Geröll verweisen auf die wirtschaftlich schwere Zeit, die Köln zu bestehen hat.

Tarif nach Warenart und Entfernung vom Herkunftsort. Seit dem 13. Jahrhundert wird der Zoll nur für den rheinauffahrenden Verkehr erhoben. Luxusgüter unterliegen besonders hohen Abgaben. So müssen bei Schwertern zehn von 100 als Zoll entrichtet werden, und Jagdfalken haben einen so hohen Tarif wie eine ganze Schiffsladung anderer Waren. Kaufmannsgut, das eine Rheinreise hinter sich hat, kann sich allein durch die Abgaben an den Zollstätten um zwei Drittel verteuern.

Gegenüberliegende Seite:

In der Schildergasse 96 steht bis zu seinem Abbruch im Jahre 1928 das stattliche Zunfthaus der Kölner Bierbrauer. In einem prächtig ausgestatteten Saal des 1613 erbauten Hauses treffen sich die Brauer zu vielen festlichen Anlässen.

gez. Wilh. Brenner.
1866.
Haus Schildergasse No. 96.
10
20.
30. Fuss. rh.
Ehmalige Brauerzunft.
1612.
353.

Neben dem Transitzoll, der auch in Köln seit dem 10. Jahrhundert erhoben wird, gibt es den Marktzoll, der für die Benutzung der Markteinrichtungen ebenso wie für den Umsatz eines Handelsgeschäftes fällig wird. Die Kölner Marktordnung schreibt schon im 12. Jahrhundert feste Regeln für den Umgang mit den maasländischen Kaufleuten vor. Der Marktzoll wird am Stadttor bei Antritt der Rückreise entrichtet und staffelt sich nach Ware und Transportart. Bei Waren, die mit Saumtieren transportiert werden, entfallen 4 Denare auf den Saum, das heißt auf die Traglast eines Tieres. Kupfer wird mit 4 Mark pro Wagen verzollt. Für den Viehhandel gelten besondere Tarife. Verkauf und Kauf eines Pferdes bringen dem Zolleinnehmer 4 Denare. Ein weibliches Maultier schlägt mit 8 Denaren zu Buche. Für Ochsen und Kühe wird nur 1 Denar, für Schweine nur ein halber erhoben.

Steuer und Zoll sind auch im Mittelalter die Mittel marktpolitischer Steuerung. So gibt es Steuervergünstigungen für Kölnischen Weinanbau und Schafswolle aus Eigenproduktion, um Importe zu bremsen und autarker zu sein. Zum Instrumentarium einer ausgeglichenen Wirtschaftsstruktur gehören Anbau- und Herstellungsverbote. Das Brauen von Weizenbier wird eingeschränkt oder verboten, wenn dadurch die Weizenvorräte für Brot verknappt werden. Der übermäßige Waidanbau ist verboten, um Hungersnöte wie 1317 in Flandern und Monostrukturen auf den Feldern zu verhindern.

Der Kölner Fernhandel

Der Reichtum des Kölner Fernhändlertums zu Zeiten der Hanse gründet zum einen auf der Basis eines eigenen differenzierten Exportgewerbes und zum anderen auf dem Handel mit Waren und Wirtschaftsgütern, die im Umland oder im Fernhandel erworben, in Köln geprüft, bearbeitet, veredelt, als „Kölnische" Waren die Märkte und Messen in nah und fern bereichern. Im reichhaltigen Kölner Sortiment fehlt nichts, was den typisch hansischen Warenverkehr tangiert. Ein Grund für die Beteiligung Kölns am Fernhandel und an der Hanse liegt auch in der Notwendigkeit, den Zugang zu den wichtigen Rohstoffmärkten zu erhalten.

Der russische Markt liefert Pelze im Überfluß und Wachs, eines der wichtigsten mittelalterlichen Produkte in einer Zeit ohne Elektrizität, sowie Pech, Teer und Harze zum Abdichten von Schiffen und Behältern. Von den baltischen Ländern wie Finnland und Schweden kommen neben Holz, Teer, Fett und Talg ähnliche Waren wie aus Rußland, was zu Zeiten politischer Konflikte mit Nowgorod vorteilhaft ist. Metalle wie Erze, Kupfer und Eisen gelangen aus Schweden, Preußen und Ungarn auf See- und Landwegen in den Westen. Aus dem Harzgebiet stammen vorwiegend Kupfer und Silber. Eine weitere Quelle für diese Metalle, Blei und besonders Zinn bietet der englische Markt. Im Metallhandel zwischen England und Köln spielen auch das nah gelegene Siegerland und das Sauerland eine wichtige Rolle. Die Kölner beziehen von den Hüttenbetrieben an der Sieg große Mengen Roheisen und fertige Eisenwaren und liefern sie nach England.

Für den Textilmarkt und das in Köln ansässige Gewerbe sind der Westen und England die bevorzugten Einkaufsorte. Wolle und später Tuche aus England, Flandern und Brabant, Seide aus Spanien und Marokko decken den großen Bedarf.

Die Versorgung mit Lebensmitteln ist zu Zeiten der Hanse weit über den bäuerlichen Einzelhandel hinausgewachsen. Der Osten ist die Korn-

Der Holzschnitt von Moyses Thym zeigt den Bergbau bei Zellerfeld. Im Harz liegen viele für den Hansehandel bedeutende Erzgruben.

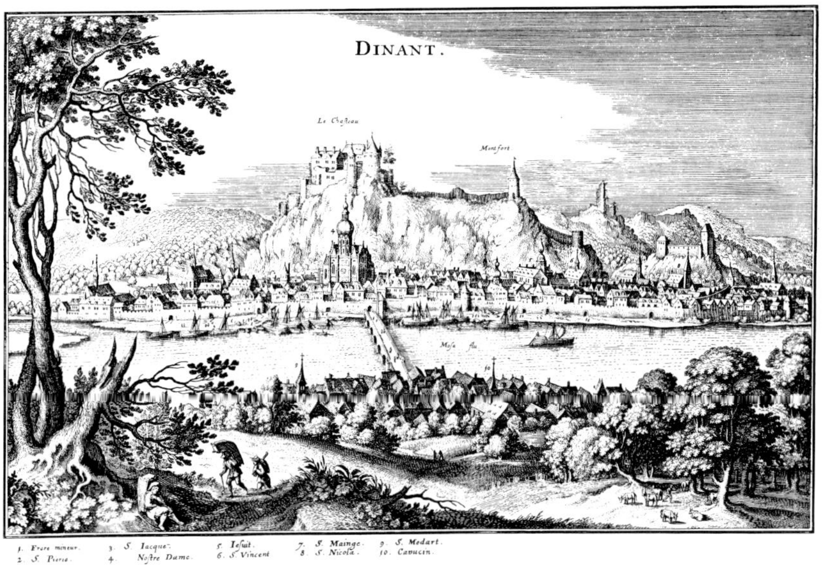

Zwischen Köln und Städten wie Dinant und Huy an der Maas herrschen zur Hansezeit rege Handelsverbindungen. Vor allem Tuche und Waren aus Frankreich gelangen über Maas und Rhein in die Domstadt.

kammer des Westens. Getreide wird in ganzen Schiffsladungen gehandelt und gilt auch als politisches Druckmittel. Da Salz im Osten Europas Mangelware ist, weiß die Hanse auch ihr Salzmonopol politisch zu nutzen. Ganze Flotten mit Baiensalz von der französischen Westküste, von Seeland oder auch aus den Salinen im Harz durchkreuzen Nord- und Ostsee, gelangen über die Flüsse zum Verbraucher im Binnenland. Köln, das einen ausgedehnten Fischhandel betreibt, ist ebenso darauf angewiesen. Auf Schiffen, vorwiegend in Tonnen verpackt, erreichen Heringe in großen Mengen, Bückling, Stockfisch, Kabeljau und Stör den Kölner

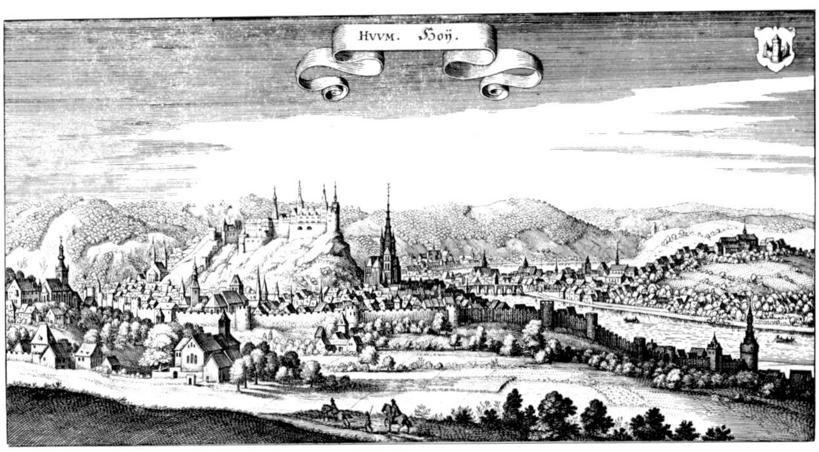

Hafen. Der Hering wird vor der holländischen Küste und vor Schonen gefangen. In Köln hat der preisgünstigere holländische Fisch bald den größeren Marktanteil. Das Stockfischgeschäft liegt vorwiegend in den Händen der Seefahrerstädte. Über den Rhein und die Hafenstädte Antwerpen und Utrecht gelangt er nach Köln. Der Bedarf an Nutz- und Schlachtvieh wird sowohl im Osten als auch im Westen gedeckt. Riesige Viehtrecks mit Tausenden von Rindern, Ochsen, Maultieren und Eseln sind ständig auf dem Weg zu ihren Abnehmern.

Die Hafenstädte in Flandern und Brabant gelten als Bezugsorte für die Waren aus dem Mittelmeerraum und dem Orient: Südfrüchte, Gewürze, Reis, Olivenöl, Wein aus Spanien, Italien, Portugal und Frankreich. Auf dem gleichen Markt werden Luxusgüter wie Perlen, Edelsteine, Teppiche, Schmuck und Textilien gehandelt. Der Zugang zum Mittelmeer und zu Orientwaren obliegt dem Donauhandel und verläuft über die Rheinschiene und die Verbindung zu Oberdeutschland, das als zunehmender Konkurrent, aber auch als wichtiger Handelspartner gilt.

Mittelrhein, Rheingau, Pfalz, Baden, Elsaß und Mosel sind die eigentlichen Schatzkammern für den Kölnischen Fernhandel. Hier wächst auf idealem Boden und in mildem Klima der Wein. Der Weinhandel ist unzweifelhaft über den Gesamtzeitraum der Kölner Hansetätigkeit eine der einträglichsten Quellen. Zum einen liegen die Handelsschwerpunkte im Westen, in England und in den alten deutschen Städten, zum anderen entwickeln sich durch die Ostkolonisierung und die Eroberung des Ost-

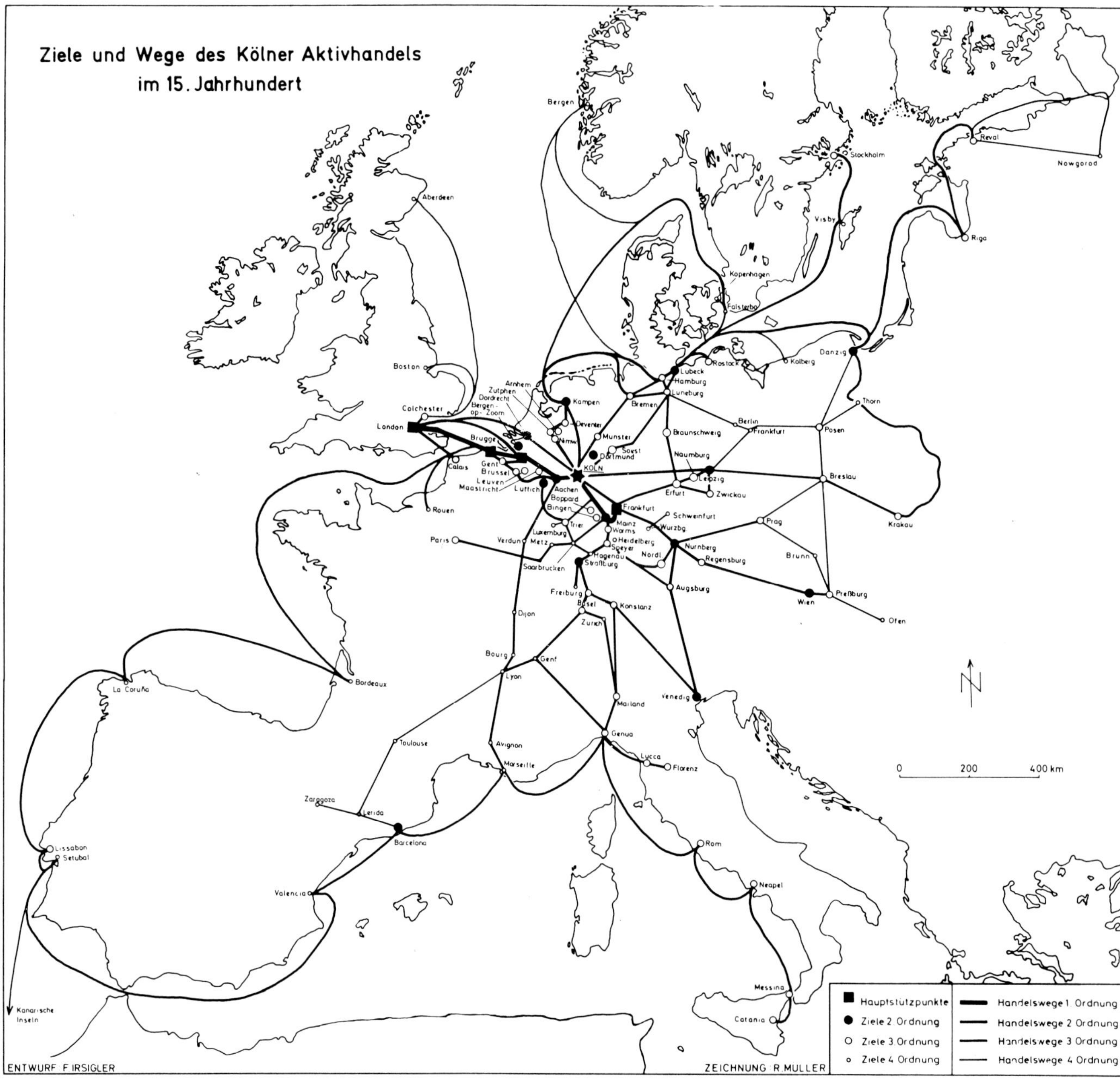

seeraumes auch für Köln völlig neue Märkte. Von Brügge, Antwerpen und London im Westen, Bergen und Stockholm im Norden bis ins russische Nowgorod im Osten liefern Kölner in einem feinmaschigen Handelsnetz den Wein. An den Zielorten verkaufen sie ihn selbst von ihren Niederlassungen aus und schenken ihn in eigenen Tavernen und Herbergen aus. In Brügge betreiben Kölner Weinhändler zahlreiche Wirtschaften. Im Londoner Stalhof schenken sie in der „Rheinischen Weinstube“ ihren Wein aus. Die Hochblüte des hansischen Weinhandels der Kölner fällt in das 14. und 15. Jahrhundert. In den Kölner Weinakzisebüchern erreichen die Weineinfuhren Spitzenwerte von 150000 bis 200000 Hektoliter pro Jahr. Bei solchen Einkaufsmengen entscheiden die hiesigen Kaufleute schon durch ihre geschickte Einkaufspolitik in den Anbaugebieten über die späteren Verbraucherpreise und ihre Stellung im Wettbewerb.

Die Weingroßhändler mit Sitz in der Kaufmannsgaffel Himmelreich sind bestens organisiert. Ihre Einkäufer sitzen vor Ort in den Anbaugebieten. Die Ernten ganzer Dörfer werden auf Jahre hin aufgekauft, eigene Weinberge erworben und bewirtschaftet, eigene Winzer und Faßbinder beschäftigt. Die Weinakzisebücher in der zweiten Hälfte des 15. Jahrhunderts weisen 320 Weinimporteure aus, von denen 27 Händler wohl das größere Geschäft machen. Zu den bedeutendsten Zeitgenossen gehören Godart Palm und Peter von Merle, die zusammen gut 10% der Importe

Fässer aus Eichenholz sind die Container der Hansezeit für Waren aller Art. Zahllose Böttcher sind vor allem für Fisch- und Weinhändler tätig. Im Haushalt werden Butter, Gemüse und viele andere Lebensmittel in Fässern und Bottichen konserviert.

bestreiten. Das Geschäft mit dem Wein zieht den Handelsverkehr mit vielen anderen Waren und Gütern nach sich, denn die Händler kommen auf ihrer Reise in die entlegensten Städte und Länder, schaffen sich neue Handelsbeziehungen und nehmen Rückfrachten auf dem Heimweg mit.

Einen erheblichen Anteil an der Versorgung Kölns mit Rohstoffen, Gewerbeerzeugnissen und Landwirtschaftsprodukten leistet das direkte Umland der Stadt. Zum einen fehlt in der Stadt ausreichend Land für den Anbau, zum anderen die Wasserkraft, um Mühlen anzutreiben oder die Textilwirtschaft und die Gerbereien ausreichend zu versorgen. Die Feuergefährlichkeit und der Holzverbrauch mancher Gewerbe machen die Ansiedlung außerhalb der Stadt auf Dauer ohnehin erforderlich. Das zunehmende Verlagswesen fördert die Einbeziehung außerstädtischer Handwerker und Unternehmer. Die großen Gutshöfe in der fruchtbaren Bördenlandschaft an der Erft und im Vorgebirge versorgen die Domstadt mit Obst, Gemüse und den Lebensmitteln für den täglichen Bedarf, mit Schlacht- und Nutzvieh. Keramische Produkte kommen aus dem Westerwald, aus Siegburg und aus Frechen auf den Kölner Markt. Von dort aus gehen „Coelnische Potten", Trink- und Eßgeschirre in alle Welt.

Das Bergische Land ist Holz- und Eisenlieferant. Solinger Stahlwaren genießen auch im Mittelalter guten Ruf. Entlang des Strunder Baches reihen sich zahlreiche Mühlenbetriebe wie eine Perlenkette auf. Hier sitzen die Harnischmacher, Schmiede, Müller, Gerber und viele andere Lieferanten Kölns. Die Heim- und Lohnarbeit ist im Bergischen Land besonders ausgeprägt. Die Eifel beliefert den Kölner Markt neben Holz und landwirtschaftlichen Produkten mit Tuchen. In Münstereifel und Euskirchen sind Tuchzentren entstanden, deren Produkte in Köln und im Export regen Absatz finden.

„Coelnische Potten" – Krüge, Schüsseln und Trinkgefäße wie die abgebildeten Steinzeugkrüge aus Frechen waren ein begehrter Exportartikel der Hansekaufleute aus der Domstadt.

Geld regiert die Welt der Hanse

Geld gegen Ware und Ware gegen Geld. Wer das Geld hat, hat die Macht. Nichts hat sich bis heute an diesen Gesetzmäßigkeiten geändert. Geld ist Tauschmittel und Symbol in einer arbeitsteiligen Wirtschaft. Ein Blick in die Geschichte der mittelalterlichen Geldwirtschaft in der Kölner Hansezeit gibt das erstaunliche Bild einer differenzierten Finanzwelt wieder. Wenn auch nicht alle Instrumente der Geldpolitik so ausgeprägt sind wie heute, so sind sie in ihren Grundzügen doch vorhanden und im Gebrauch. Bargeld, das sind Münzen und Edelmetalle, die nur regionale Gültigkeit haben. Seit die Kaiser und Könige das Münzregal auf die Fürsten und Reichsstädte übertragen haben, herrscht eine unübersehbare Vielzahl von Regionalwährungen.

Bis nach der Schlacht von Worringen sind in Köln die Erzbischöfe alleinige Münzherren. Mit der „Münze", der Präge- und Wechselanstalt, haben sie ein mächtiges Instrument in der Hand, da auf städtischem Gebiet nur mit Kölnischer Währung bezahlt werden darf. Kein Fernhandelskaufmann, der die Stadt bereist, kommt daher an der bischöflichen Geldquelle vorbei. Die sehr selbständig handelnden „Münzer Hausgenossen" sind ausschließlich Mitglieder der führenden Kölner Patrizierfamilien und vom Erzbischof für die Geld- und Wechselgeschäfte privilegiert. Ihre Ämter sind erblich und wenn einer von ihnen ohne männlichen Nachkommen stirbt, fallen die Amtsrechte den übrigen Hausgenossen zu. Da sie selbst ausnahmslos reich sind und auch andere hohe städtische Ämter bekleiden, liegt die Geldwertstabilität besonders in ihrem Interesse. Der hohen Verantwortung, die den Erzbischöfen als Währungshüter zukommt, werden viele nicht gerecht. Aufwendige Lebensführung, hohe Abgaben an die päpstliche Kurie und ihre Neigung zu teuren Kriegen oder Prozessen verleiten sie immer wieder, die Münze zu mißbrauchen. Da die Zahlungsmoral der geistlichen Herren auch zu wünschen übrig läßt, halten sich viele Städte und deren Territorialher-

Siegel der Kölner Geldwechsler

Taler der Stadt Köln von 1516 mit der Darstellung der Hl. Drei Könige und der hl. Ursula mit ihrem Gefolge.

ren, denen die Erzbischöfe noch Geld schulden, an Kölner Kaufleuten schadlos. Sie setzen sie gefangen und beschlagnahmen einfach ihre Handelswaren.

1252 kommt es zwischen der Stadt und dem Erzbischof Konrad von Hochstaden zur bewaffneten Auseinandersetzung. Er fordert eine Münzerneuerung, während die führenden Geschlechter auf der Währungsstabilität beharren und die Auswechslung ablehnen. Mit 14 Kriegsschiffen belagert der geistliche Fürst von Deutz aus die Stadt und versucht durch starken Beschuß und Brandstiftung seinen Willen durchzusetzen. Der Dominikanermönch Albertus Magnus schafft es schließlich, zwischen beiden Parteien zu vermitteln. Auf seinen Schiedsspruch hin muß Konrad auf eine Münzerneuerung verzichten. Eine Währungsrefom wird nur noch für den Zeitpunkt des Amtsantritts eines neuen Bischofs oder bei Rückkehr von einem Italienfeldzug gestattet. Gleichzeitig verlieren Konrad und alle seine Nachfolger die Münzaufsicht an die Stadt.

1250 sind „Obolen" und „Quadranten" die Zahlungsmittel des täglichen Bedarfs. Der „Kölnische Denar", für den man 1147 ein handgroßes Brot kaufen kann, erreicht dagegen eine weit über die Grenzen der Stadt hinausgehende Bedeutung. Neben den vielen Regionalwährungen wird er als Zahlungsmittel im 12. und 13. Jahrhundert überall in Deutschland und Holland akzeptiert. Die „Kölnische Mark" zu 233,8 Gramm Silber, die im Gegensatz zum Denar nicht geprägt wird und nur als Verrechnungseinheit dient, erreicht zur gleichen Zeit Anerkennung als allgemeines deutsches Währungsgewicht. Die Kölner Währung wird damit zum Vorbild für zahlreiche andere Städte des Reiches und wird in den Zolltarifen anderer Regionen als Wertmaßstab herangezogen. Selbst Venedig nimmt 1123 das Kölner Münzgewicht in sein Münzsystem auf.

Als mit der Schlacht von Worringen die städtische Macht der Erzbischöfe außer Kraft gesetzt wird, ist die Stadt ohne eigenes Münzrecht. Bis zur Mitte des 14. Jahrhunderts sind in Köln fast nur nichtkölnische Münzen im Umlauf. Nach der königlichen Rechtsübertragung auf die

Die Münzwaagen dienten vor allem den Geldwechslern zur Überprüfung des amtlichen Edelmetallgewichts.

Stadt bestellt der Rat eine Abordnung von „Pagamentsherren", die das umlaufende Geld zu bewerten und auf der Grundlage einer „Pagamentsmark" einen festen Wechselkurs bilden sollen. Wie jeder künstliche Eingriff in das Währungsgefüge auch heute nur begrenzte Erfolge zeigen kann, ist die Pagamentsmark nur der Anfang vom Ende der regionalen Währungssysteme.

Trotz der Anerkennung der Kölner Sorten bleibt Bargeld im Zeitalter der Hanse ein umstrittenes Tauschmittel. Das Währungsgefälle zwischen den einzelnen Territorien, die unübersehbare Zahl unterschiedlichster Münzen, von denen ebenso viele Fälschungen im Umlauf sind, die Gefahr auf den Straßen, Flüssen und Meeren und nicht zuletzt der ständig wachsende Waren- und Wertestrom belasten die Zahlungsgeschäfte des reisenden Kaufmanns. Der Tauschhandel hat seine Grenzen, vor allem bei Geschäften größeren Umfangs und über weitere Entfernungen. Der mittelalterliche Handel entwickelt in der Folge dieser Umstände auch eine Blüte in der Kreditwirtschaft. Nicht die Summe verfügbarer Mittel, sondern die Kreditfähigkeit und Kreditwürdigkeit zeichnen den Hansekaufmann aus.

Die wertvolle Steinmetzarbeit zeigt die Nürnberger Stadtwaage von 1497. Köln pflegte mit Nürnberger Kaufleuten und Großfinanziers gute Verbindungen.

Die ursprüngliche Form des Kredits ist die Pfandleihe. Waren, Wertgegenstände, Gold und Silber gelten als wichtigste Pfänder. Die Auslösung des Pfandbesitzes erfolgt durch Abtretung von Ansprüchen und laufenden Einnahmen. So wie der Bauer mit späteren Ernteerträgen, der Handwerker mit dem Verkaufserlös von Waren seine Pfänder auslöst, so geben und nehmen auch die Kaufleute Kredit gegen Pfand und zahlen nach dem Verkaufserfolg. Doch auch dem Pfandkredit sind Grenzen gesetzt, denn bei zunehmendem Warenwert gibt es Probleme, die entsprechenden Gegenwerte zu sichern oder zu realisieren. Der Schuldner erleidet im übrigen zusätzlichen Schaden durch die Tatsache, daß das Pfandgut aus seinem Besitz geht und er nicht darüber verfügen kann. Der Ausweg aus dieser Enge ist zugleich eine der bedeutendsten kreditwirtschaftlichen Schöpfungen des Mittelalters. Köln gelingt es mit der „Jüngeren Satzung“ den ersten deutschen Hypothekenkredit zu schaffen. Der Schuldner ist jetzt erstmalig in der Lage, über seinen Besitz weiter zu verfügen und ihn nutzen zu können. Für die Bewertung des Pfands spielt damit nicht allein der Nutzwert, sondern der Kapitalwert die entscheidende Rolle.

Das im Jahre 1135 beginnende „Schreinswesen“ erfaßt nach den Stadtbezirken Lage und Besitzer der einzelnen Grundstücke. Für den Pfarrbezirk St. Martin, zu dem das Marktviertel gehört, werden die ersten Schreinskarten angelegt. Aus ihnen geht auch eine lebendige Spekulation mit Grundstücken hervor. Da in der Regel die Vollstreckung in das Grundeigentum nach einem Jahr erfolgt, verliert so mancher Kaufmann schnell ein Vermögen. Auch die Hypothekenfinanzierung und das Erbpachtverfahren für langfristige Gelder sind Schöpfungen dieser Zeit.

Das kanonische Recht verbietet das Ausleihen von Geld gegen Zins, und wer als Christ gegen dieses Verbot verstößt, dem droht die Verbannung aus der Gesellschaft und der Stadt. Erzbischof Engelbert droht 1266 mit dem Kirchenbann. So kommt den Juden eine Monopolstellung im Kreditwesen des Kölner Mittelalters zu. Sie sind von Zünften und Gaffeln ohnehin ausgeschlossen und werden auch von Groß- und Fernhandel verdrängt. Bis 1349 bilden sie eine geschlossene Gemeinde im Rathausviertel. Dann bricht im Zuge der Pest ein Pogrom über sie herein. Ein Brand vernichtet ihre Wohnungen. Wer nicht gefoltert und getötet wird, flieht aus der Stadt. Wirtschaftlich reißen die Juden eine unersetzliche Lücke. 1372 holt sie der Erzbischof wieder zurück, doch 1392 werden sie erneut vertrieben. Von 1414 an kehren für zehn Jahre wieder einige Familien zurück. Bis zur Französischen Revolution jedoch bleiben sie aus den Mauern Kölns verbannt.

In wenigen Jahren haben die Juden es mit großem Geschick und Erfahrung geschafft, ein beachtliches Finanzimperium aufzubauen. Mit ihrem Geld tragen sie allein ein Fünftel des städtischen Etats. Der Erzbischof und die umliegenden Landesherren zählen zu ihren Hauptschuldnern, und die Großkaufleute der Hanse finanzieren ihre Unternehmen mit jüdischem Geld.

Der Kontakt zwischen Köln und der lombardischen Hochfinanz aus Oberitalien ist bereits lange vor der Hansezeit aktiv. Schon vor 1200 treffen sich die Kölner Fernkaufleute mit den Italienern auf den Messen in der Champagne und nutzen die modernen Kenntnisse der Lombarden im Geldgeschäft. Im Jahre 1226 – so überliefert die Reimchronik Gottfried Hagens aus den Jahren um 1270 – leiht sich der Kölner Gerhard Scherfgin bei Kaufleuten aus dem toskanischen Siena auf der Remigiusmesse in Troyes ein Darlehen, rückzahlbar bei der folgenden Johannismesse am gleichen Ort. Scherfgin, im Rang eines Ritters, einer der angesehensten Kaufleute in Köln, hat im Fernhandel den Kontakt zu italienischen Bankkaufleuten gewonnen. Er vermittelt mit Hilfe seiner Beziehungen Kredite auch an die Kölner Erzbischöfe, die Grafen von Jülich, Limburg, Geldern und Berg. Im 13. und 14. Jahrhundert sind die Lombarden selbst in Köln gegen ein Schutzgeld für ihre Geldgeschäfte konzessioniert und erwerben gleichzeitig in der Stadt für 25 Jahre das Bürgerrecht. Das Patriziat arbeitet Hand in Hand mit den Lombarden, so wie Konstantin von Lyskirchen d. Ä., der zu den engsten Beratern des Erzbischofs Heinrich von Virneburg zählt.

Der wirtschaftliche Boom, den die Städtehanse und ihre genossenschaftlichen Vorgänger entfachen, und die Unsicherheit ständig wechselnder Währungssysteme gehen einher mit einer zunehmenden prosperierenden Kreditwirtschaft. Selbst kleine Geschäfte läßt man jetzt anschreiben, wenn sie regelmäßig getätigt werden. Im Fernhandel dominieren Schuldschein, Wechsel und Bankkredite, Warentermingeschäfte,

 Zeitungs- und Kalenderverkäufer

Die Kölner Börse, die nach dem Umzug aus der Bolzengasse ab 1580 auf dem Heumarkt steht.

Factoring und Rentenanleihen, letztere für städtische Finanzierungsvorhaben. Die Lombarden, die wie ihre jüdischen Konkurrenten vom Zinsverbot des kanonischen Rechts ausgenommen sind, nehmen bis zu 54% Zinsen. Es ist sicher ein Indiz dafür, daß die Ausfallrisiken entsprechend hoch sind. Die Oberitaliener richten sich im 14. Jahrhundert am ganzen Niederrhein ein ganzes Netz von Bankfilialen ein. Ihre Stärke besteht vor allem in den grenzüberschreitenden Beziehungen und Erfahrungen, von denen die stark auf den Handel konzentrierte Hanse profitiert. So kann man in Brügge bequem einen Wechsel ausstellen, der dann in Köln, Bologna oder Rom eingelöst wird.

Die Kredite, die sich Kaufleute oder Gewerbetreibende untereinander gewähren, unterliegen dem kirchlichen Zinsverbot, das sich auch in den strengen Zunftordnungen wiederfindet. Im alltäglichen Handel läßt sich das jedoch nicht verwirklichen, und so werden Waren und Dienstleistungen über oder unter Nennwert gehandelt und damit versteckt verzinst. Soweit die großen Hansekaufleute ihre Niederlassungen aufgebaut haben, fungieren sie selbst auch als Banken. Für große Unternehmungen bilden sie untereinander oder in Verbindung mit den Bankiers Kreditkonsortien, um gemeinsam die Vorhaben zu bewältigen. Der Wechselkredit hat im unübersichtlichen System wechselnder Geldwährungen eine besonders wichtige Stellung während der Hansezeit. Zum einen sichert er die Forderungen aus Waren- und Dienstleistungsgeschäften, zum anderen ist er ein sicheres Instrument für den Valutaaustausch. So kann sich der Kölner Hansekaufmann mit einem in Köln ausgestellten Wechsel bei einer Bank am Zielort in Brügge, Antwerpen, Frankfurt oder London sein Geld für Lebensunterhalt und Geschäfte oder zum Kauf von Waren besorgen. Um den Gebrauchswert des Wechsels zu sichern, gelten ähnlich strenge Vorschriften im Umgang mit diesem Wertpapier wie heute. Wird er nicht eingelöst, fällt man in Schande.

Im 14. und 15. Jahrhundert entwickelt sich auch das Buchgeldwesen der Banken. Kölner Kaufleute legen große Guthaben in fremden Städten an, über die sie dann auf ihren Reisen verfügen können und von denen sie Zahlungsanweisungen an Gläubiger ausstellen. Das „Girokonto" ist deshalb nicht etwa eine Erfindung der Neuzeit, sondern schon ein gebräuchliches Zahlungsinstrument des Hochmittelalters. Berücksichtigt man die großen Zeitdifferenzen, die sich von der Anbahnung des Geschäfts über die Herstellung der Ware, die lange Lieferzeit und bis zum Zahlungsvorgang ergeben, oder unterstellt man die große Geldmenge, die Kreditkonsortien für entsprechende Vorhaben zur Verfügung stellen, so wird verständlich, daß die Einführung der ordnungsgemäßen Buchfüh-

Stuhlverkäufer

rung dringend erforderlich wird. Die internationalen, mit Währungsproblemen oder mit Abrechnungsstreitigkeiten behafteten Geschäfte, die über Jahre dauern können, verlangen geradezu danach. Die Buchführung mit ihren Begriffen „Konto" und „Bilanz" ist dem Erfahrungsschatz der findigen Italiener erwachsen.

Als Antwerpen im Zuge des Spanisch-Niederländischen Krieges im 16. Jahrhundert von den Kaufleuten und Bankiers verlassen wird, ziehen viele von ihnen nach Köln. Nach Antwerpener Vorbild gründen sie hier im Jahr 1553 beim Rathaus eine Börse, die sich schon bald großen Zulaufes erfreut. Sie ist die erste überhaupt in Deutschland. 13 Jahre lang treffen sich die Börsianer unter freiem Himmel. Man erfährt die Wechselkurse der wichtigsten europäischen Handelsplätze, die handschriftlich auf Kurszetteln erfaßt werden. Die Kölner Währung wird nachweislich 1580 auch in Lyon und Frankfurt notiert. 1566 ziehen die Börsianer in ein für sie errichtetes Haus in der Bolzengasse. Als die Franzosen im 18. Jahrhundert den Kölner Straßen französische Namen geben, nennen sie sinnigerweise diese Gasse „Rue Hanseatic", Hansestraße.

Nach 14jährigem Aufenthalt in der Bolzengasse zieht die Börse in ein neues Gebäude auf dem Heumarkt, weil das alte schon zu klein geworden ist. Doch im Verlauf des Religionsstreits, in den auch Köln hineingezogen wird, führt eine fremdenfeindliche Politik zur Abwanderung vieler, die aus Antwerpen gekommen sind. Frankfurt mit seinen großen Messen wächst in der Folge auch als Finanzplatz zu einem starken Konkurrenten heran. Antwerpen, von den Kriegswirren erholt, beginnt einen erneuten geldwirtschaftlichen Aufschwung. Seit Beginn des Dreißigjährigen Krieges ist die Kölner Börse ohne jede Bedeutung.

Schornsteinfeger

Organisation und Infrastruktur der Hanse

Die Mitgliedsstädte

Zu den erstaunlichen Eigenarten der Hanse gehört die Tatsache, daß sie nie ein Mitgliederverzeichnis geführt hat. Der englische König Richard II. zeigt 1370 nur Bereitschaft zur Verlängerung der Privilegien, wenn die Hanse bereit ist, eine Liste ihrer Städtemitglieder vorzulegen. Er will damit genau kontrollieren können, wer in den Genuß der Handelsvorzüge kommen darf und möchte sich gleichzeitig eine Grundlage schaffen für die eventuelle Verfolgung von Schadensersatz. Doch die unter heutiger Sicht selbstverständliche Anfrage stößt auf erbitterten Widerstand der Hanse. Der Deutsche Orden will daraufhin sogar seinen Englandhandel abbrechen. Einer lübischen Gesandtschaft gelingt es offensichtlich, auch ohne die Bekanntgabe der Bündnismitglieder 1380 die Erneuerung der Privilegien zu erhalten. Aus der Urkundensammlung des Brügger Kontors geht hervor, daß „72 gute Städte" dem Bündnis angehören sollen. Die Zahl 72 erfaßt sicher den bedeutenden Kern der Hanse. Aber darüber hinaus zählen auch viele kleinere Städte zum

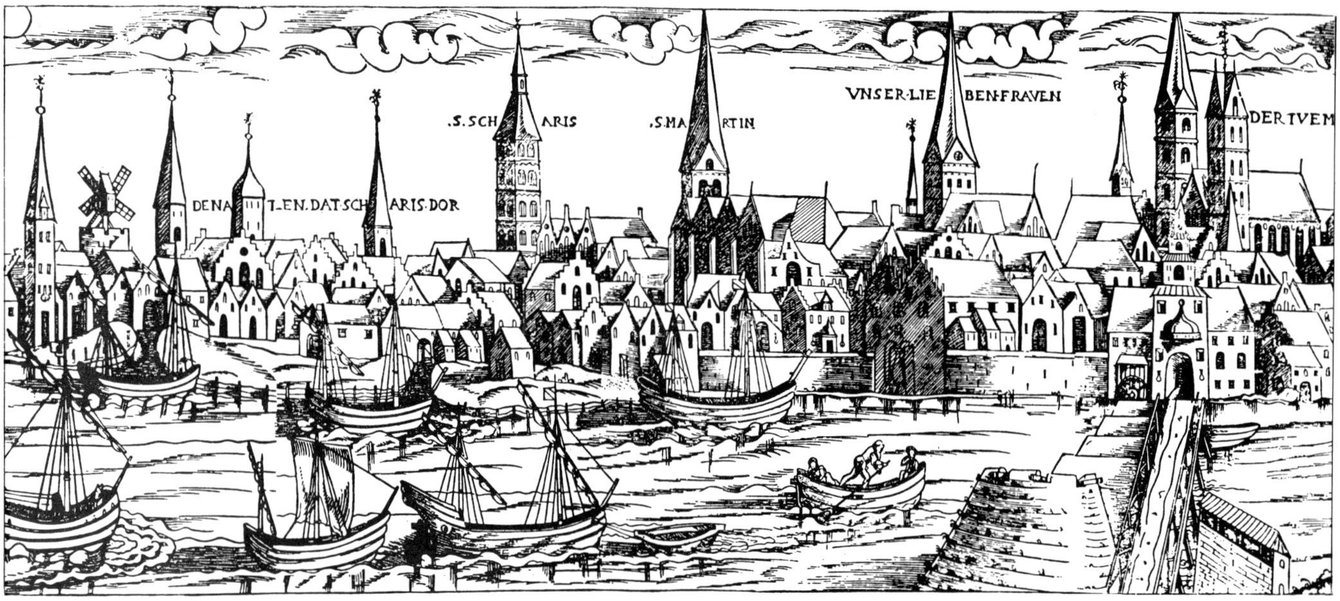

Bremen, Ansicht von Hans Weigel, 1550.

Bündnis, die nur eine passive Rolle spielen oder nur für bestimmte Handelszweige oder Handelsplätze privilegiert sind. Diese Besonderheiten gelten auch für einige niederländische Städte wie Deventer, Groningen, Nijmwegen oder Zwolle, skandinavische Städte wie das weitgehend deutsche Stockholm oder das gotländische Wisby. Die Ausländer sind nur gelegentlich an den Hansetagen beteiligt oder nehmen nur einzelne Rechte wahr. Eine Sonderstellung im Bund der Städte nimmt der Deutsche Orden ein, der als einziges Fürstentum die Mitgliedsrechte in seinem Gebiet genießt. Eine Ausnahme bilden auch die zahlreich vertretenen Gruppen deutschstämmiger Kaufleute in Oslo, Kalmar oder Ripen. Sie nehmen an den hansischen Privilegien teil, während ihre Städte vergeblich um Aufnahme in die Hanse nachsuchen.

Die Aufnahme einer Stadt in die Hanse erfolgt durch ein Gesuch, über das der Hansetag entscheidet. Anträge auf Mitgliedschaft werden zahlreich gestellt, aber ebenso abgelehnt, wenn politische oder wirtschaftliche Argumente dagegen sprechen. Lange Wartezeiten sind keine Ausnahme, so reicht Arnheim schon 1380 ein Gesuch ein, das aber erst 1440 positiv entschieden wird. Das Verhalten der wechselnden Flandernpolitik wird dabei eine Rolle gespielt haben. Utrecht bemüht sich mehrere Male um Aufnahme, seine Gesuche werden immer abgelehnt. Um die Zahl der Bündnisstädte richtig zu bewerten, spielt auch der Mitgliederverlust, hervorgerufen durch Kriegszerstörung, wirtschaftlichen Niedergang, Interessenkonflikte oder eine zwangsweise herbeigeführte „Ver-

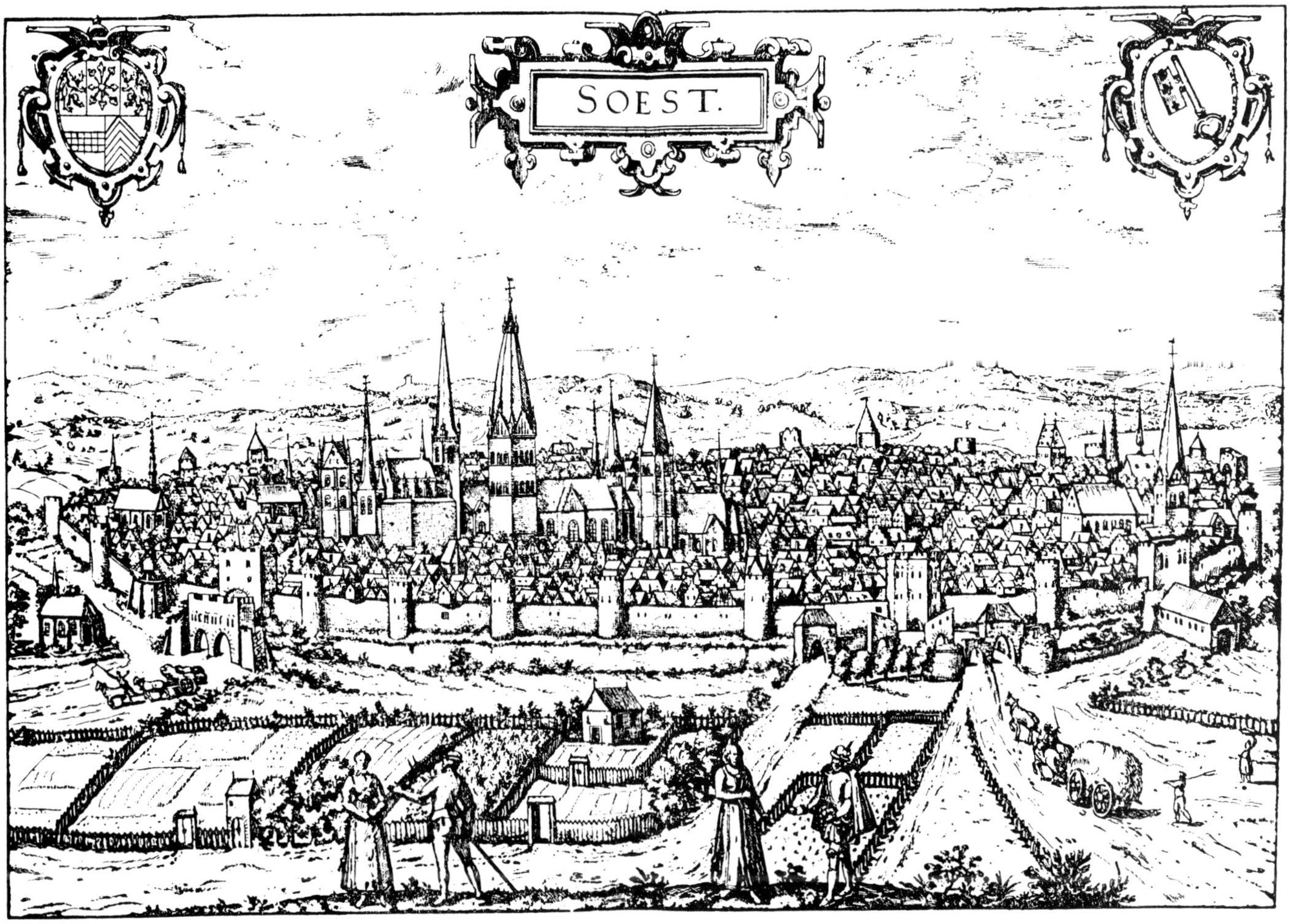

hansung" eine Rolle. Auch den Austritt bestätigt der Hansetag. Jedoch sind die verhansten Städte – allen voran Köln wegen seiner englischen Sonderhanse oder Münster wegen seines Religionsstreits während der Reformation – alle wieder aufgenommen worden. Letztlich bleibt nur das Studium überlieferter Urkunden, die noch Auskunft über die Zahl der Mitglieder und ihren Wechsel geben können.

Für die Meinungsbildung innerhalb der Hanse spielen die Städtegruppen eine entscheidende Rolle. Zum Teil sind sie historisch verbunden durch frühere genossenschaftliche Tätigkeit, regional zusammengeschlossen oder auch durch die Zusammenarbeit in den Kontoren miteinander in Beziehung gebracht. Die Drittelteilung zu Brügge zeigt seit 1347 die typische Verteilung der Interessengruppen. Unter dem Vorsitz von Dortmund und 100 Jahre später von Köln sind die rheinisch-westfälischen und preußischen Städte vereinigt. Ein weiteres Drittel setzt sich unter der Führung Lübecks aus den wendischen, sächsischen, brandenburgischen und pommernschen Städten zusammen. Die dritte Gruppierung bilden unter wechselnder Führung von Wisby und Riga die Städte von Livland und Gotland.

Die Einteilung zeigt deutlich, daß nicht nur regionale Gesichtspunkte, sondern auch Interessen- und Machtschwerpunkte gesetzt sind. So bilden die Preußen in der Zusammenarbeit mit dem rheinisch-westfälischen Block ein erhebliches Gegengewicht zur Wirtschaftsmacht, die hinter den wendischen Städten unter Lübeck steht. Eine wandelnde Interessenlage bringt mit der Zeit Änderungen in diese Einteilung. Auf dem Hansetag von 1494 setzt Braunschweig eine Aufspaltung von drei auf vier Gruppen in Gang und bildet unter seiner Führung, der Unterordnung überdrüssig, eine eigene Sektion mit den Städten Livlands,

Ein Verzeichnis der Hansestädte

Ahlen
Alfeld
Allendorf
Altena
Anklam
Arnheim
Arnsberg
Aschersleben
Attendorn
Balve
Beckum
Belecke
Belgrad
Berlin
Bielefeld
Blankenstein
Bocholt
Bochum
Bödefeld
Borgentreich
Borken
Brakel
Brandenburg
Braunsberg
BRAUNSCHWEIG
Breckerfeld
Bremen
Breslau
Brilon
Bockenem
Buxtehude
Cölln a. d. Spree
Coesfeld
DANZIG
Demmin
Deventer
Doesborg
Dorpat
Dorsten
DORTMUND
Drolshagen
Duderstadt
Dülmen
Düsseldorf
Duisburg
Einbeck
Elbing
Elburg
Emmerich
Erfurt
Essen
Eversberg
Fellin
Frankfurt a. d. Oder
Freienohl
Fürstenau
Gardelegen
Geseke
Göttingen
Goldingen
Gollnow
Goslar
Greifenberg
Greifswald

Grevenstein
Grieth
Gronau
Groningen
Hachen
Hagen
Halberstadt
Halle
Haltern
Hamburg
Hameln
Hamm
Hannover
Harderwijk
Hasselt
Hattern
Hattingen
Havelberg
Helmstedt
Herford
Hildesheim
Hirschberg
Hörde
Hüsten
Iburg
Iserlohn
Kallenhardt
Kalmar
Kamen
Kammin
Kampen
Kiel
KÖLN
Königsberg
Köslin
Kokenhusen
Kolberg
Krakau
Kulm
Kyritz
Langenscheid
Lemgo
Lemsal
Lippstadt
LÜBECK
Lüdenscheid
Lüneburg
Lünen
Magdeburg
Melle
Menden
Merseburg
Minden
Mühlhausen (Thür.)
Münster
Naumburg
Neheim
Neuenrade
Neustadt (Hessen)
Neuss
Nieheim
Nimwegen
Nordhausen
Northeim
Oldenzaal
Olpe
Ommen
Osnabrück
Osterburg
Osterode
Paderborn
Peckelsheim
Perleberg
Pernau
Plettenberg
Pritzwalk
Quakenbrück
Quedlinburg
Ratingen
Recklinghausen
Reval
Rheine
Riga
Roermond
Roop
Rostock
Rügenwalde
Rüthen
Salzwedel
Schlawe
Schwerte
Seehausen
Soest
Solingen
Stade
Stargrad
Staveren
Stendal
Stettin
Stockholm
Stolp
Stralsund
Sundern
Tangermünde
Telgte
Thorn
Tiel
Treptow a. d. Rega
Uelzen
Unna
Uslar
Venlo
Vörden
Vreden
Warburg
Warendorf
Warstein
Wattenscheid
Wenden
Werben
Werl
Werne
Wesel
Westhofen
Wetter
Wiedenbrück
Windau
WISBY
Wismar
Wollin
Wolmar
Zaltbommel
Zutphen
Zwolle

Sachsens und Preußens. 1514 spalten sich die Geister wieder an Führungsfragen. Danzig zieht die Macht einer eigenen Gruppe an und vereinigt hinter sich die livländischen und preußischen Städte.

An der Basis hansischer Organisation stehen die einzelnen Kaufleute, die sich mit ihren Handelsgesellschaften oder auch allein im Verkehr mit Kaufleuten anderer Städte als Kaufleute einer Hansestadt ausweisen. Ein Mitgliedsausweis oder eine formelle Aufnahme ist auch hier nicht überliefert.

In den Anfangszeiten vor Beginn des Städtebündnisses ist jeder Fernhändler in Gesellschaft mit anderen Kaufleuten, die das gleiche Reiseziel verfolgen, ein Hanse. In den Zeiten der engeren Bindung des Kaufmanns an seine Stadt, die Privilegien für ihre Kaufleute im Ausland erlangt hat, wird der Geleitbrief, die Bürgerurkunde, zum Berechtigungsausweis für den Genuß der Vorteile. Die Politik des Bündnisses ist von Anfang an darauf ausgerichtet, nur den Bürgern einer Hansestadt die Privilegien einzuräumen und andere davon auszuschließen. In zunehmendem Maße wird von außen versucht, diese Politik zu unterlaufen. Angehörige fremder Städte bemühen sich, Bürgerrechte zu erkaufen oder überall Faktoren zu plazieren, die das Bürgerrecht zu erlangen versuchen. Gerade in einer Stadt wie Köln, die in ihrem strengen Stapelrecht den Handel unter Fremden nur durch Einschaltung einheimischer Kaufleute oder Wirte gestattet, sind dem Mißbrauch Tür und Tor geöffnet. Nach dem Beschluß des Hansetages von 1434 versucht man, nur den als Hansekaufmann anzuerkennen, dessen Geburtsort auch eine Hansestadt ist. Doch diese strenge Anordnung wird sich in der Praxis kaum durchsetzen lassen, weil sie Kaufleute diskriminiert, die längst hansischen Status erlangt haben, und weil sie der Konkurrenz erneut Anlaß gibt, nach neuen Schlupflöchern und Auswegen zu suchen.

Am Wasser West. Das mittelalterliche Stadtbild, im Vordergrund ein alter Schiffskran aus Holz. Stade bemüht sich nach 1587 um eine Stellung als englischer Ausfuhrhafen für Tuche und wird 1601 dafür „verhanst".

Das Hansereich hat keine Grenzen. Es unterliegt nur den Grenzen des freien Handels und des gemeinsamen Kaufmannsgeistes. Seine Gegner sind See- und Straßenraub, die Willkür habgieriger Fürsten, Zölle, Abgaben und Kriege, gegen die es zu kämpfen gilt.

Wer den Versuch unternimmt, die Hanse und ihre Organisation zu erklären und zu begreifen, der stößt auf eine Welt voller gegensätzlicher Eindrücke. Um so verwunderlicher erscheinen vor diesem Hintergrund ihre über mehrere Jahrhunderte dauernden Erfolge.

Juristisch betrachtet, hat die Hanse nicht einmal den Status eines Vereins. Der Zusammenschluß gilt als freiwillige Vereinigung von Städten, die unter dem wechselnden politischen Einfluß unterschiedlicher geistlicher und weltlicher Herren stehen. Aus dieser Situation heraus lassen sich Blütezeit und Niedergang gleichermaßen ableiten. Der Zusammenhalt der Städte ist um so bedeutsamer in einer Zeit territorialer Zerstrittenheit und schwachen Königtums. In solcher Phase des politischen Machtvakuums gewinnt die Hanse durch ihre wirtschaftliche Gemeinsamkeit eine eigene Kraft und schafft sich ein überregionales Reich. Die zunehmende Stärke der Fürsten im 16. Jahrhundert führt die Städte wieder unter Einfluß der Territorialherren und sie verlieren die Kraft eigener Entschlüsse.

Die prachtvolle Schaufassade des Rathauses in Münster aus dem 14. Jahrhundert mit seinen Treppengiebeln mit filigranem Maßwerk und figurenbekrönten Fialen.

Eine Messe. Aus einer Handschrift Anfang des 15. Jahrhunderts.

Die Hanse untersteht keinem Oberhaupt. Die städtische Leitungsfunktion hat Lübeck inne, aber sie gilt allenfalls administrativ, denn das einzige beschlußfähige Organ ist der Hansetag, der die Gemeinschaft repräsentiert, der Weisungen erteilt, Krieg und Frieden, Blockaden und deren Aufhebung beschließt. Dieser Status gibt der Hanse ihre besondere Stärke, denn weder politisch noch rechtlich ist sie in ihrer Gesamtheit angreifbar oder verletzbar. Bis in die Spätepoche ersetzen die Hansetage eine ordentliche Geschäftsführung. In dem Mangel einer übergeordneten Administration, die frei ist von der Tagespolitik und dem egoistischen Interesse einzelner starker Mitglieder, die sich auf den oft nur kurzen Treffen durchzusetzen wissen, liegt die spätere Ohnmacht der Organisation begründet. Die Beschlüsse der Hansetage orientieren sich zu sehr an taktischen und sehr viel weniger an strategischen Zielen. So verhindert die ständige geschäftliche Eifersucht der Städte untereinander eine langjährig angelegte Geschäftspolitik. Die Erfolge der holländischen, englischen oder oberdeutschen Mitbewerber sind den Hansen ein Dorn im Auge. Durch teilweise blinden Protektionismus über Warenkontingentierung, Monopolbestrebung bis zum Kaperkrieg gegen konkurrierende Kaufleute und Länder kann sie letztlich nur kurzfristige Erfolge erzielen. Langfristig verbaut sie sich damit den Zugang zu neuen Waren

Gegenüberliegende Seite:
Eine Festtafel in Danzig. Das Bild ist Teil eines Diptychons, das im Jahre 1518 in Danzig entstanden ist. Am Kopf der Tafel sitzt ein reicher Mann, dessen Porträt auf der Rückseite des Bildes noch einmal erscheint.

Das „Schüsselfelder Schiff" – ein bewaffnetes Hanseschiff um 1500

oder Handelsideen und die Erfolge eines gemeinsamen Marktes in einer gewachsenen Wirtschaftswelt.

Sie fördert im Gegenzug Preiskämpfe, das Unterbieten von Frachttarifen und den Handelskrieg mit den Betroffenen. Die meisten der zum Hansetag erscheinenden Abgeordneten sind Mitglieder mächtiger einflußreicher Familien, die über die Jahre hin untereinander starke verwandtschaftliche und geschäftliche Verbindungen aufbauen. Die Versippung der Macht, der „Klüngel", wie ihn der Kölner zu nennen pflegt, äußert sich sowohl in jeder Stadt als auch in der Hanse als zunehmendes Führungsproblem. Wirtschaftlicher Eigensinn, Überalterung der Entscheidungsträger und ihrer Strukturen, Unbeweglichkeit gegenüber neuen Tatsachen und letztlich das Desinteresse am Zusammenhalt der Organisation leiten in der zweiten Hälfte der Hansegeschichte den allmählichen Niedergang ein.

Die Hanse verfügt über kein eigenes Personal und keine regulären Einnahmen. Trotzdem ist sie in der Lage, 8000 und mehr Soldaten für einen Krieg aufzubieten, Hunderte von Schiffen zu finanzieren. Jeder Versuch der Einrichtung einer dringend benötigten Bundeskasse ist zum Scheitern verurteilt. Der selbst in der Zeit des Niedergangs erfolgte Beschluß auf dem Städtetag von 1557 in Lübeck, gemeinsame Abgaben je nach der Wirtschaftskraft einzelner Mitglieder zu entrichten, kann sich nicht durchsetzen. So sollen Lübeck und Köln 100 Taler entrichten, Hamburg und Danzig 80 Taler. Doch schon 1601 bei einem Kassensturz weist das beschämende Ergebnis mehr Schulden als Einnahmen von den Mitgliedern aus. Köln allein schuldet 8000 Taler. Die Einnahmen der Organisation sind unregelmäßig und zweckgebunden. So beschließen die Städte 1361 in Greifswald den Krieg gegen Dänemark und dessen Finanzierung durch die Erhebung des „Pfundzolles" – einer gemeinsamen Bundesumsatzsteuer. Sie beträgt 4 Pfennig vom Pfund ausgeführter Waren.

Es bleibt ein organisatorisches und finanztechnisches Wunder, wie im Gestrüpp unterschiedlicher Währungsstrukturen und großer Entfernungen zwischen den Städten Geld zusammenfließen kann. Die Geldforderungen an die einzelnen Städte stoßen zudem trotz gemeinsamen Beschlusses auf Ablehnung, je größer die räumliche Distanz zum Unruheherd ist. Anlaß zu Unmut und Streit bieten auch die Schoßzahlungen, die in die Kassen der Kontore fließen. Die Niederlassungen in Brügge, London, Bergen und Nowgorod führen ein finanzielles Eigenleben mit regelmäßigen Einnahmen. Der „Schoß" wird auf alle Ein- und Ausfuhren aus dem Machtbereich des Kontors erhoben und dient zur Deckung der Unterhaltskosten. Köln gibt durch seine jahrelange Verweigerung der Schoßzahlungen für seine Handelsaktivitäten in Flandern ein schlechtes Beispiel.

Die Hanse hat kein eigenes Territorium. Trotzdem beherrscht sie in ihrer Blütezeit im 14. Jahrhundert ein riesiges Land- und Seegebiet, das sich von Flandern im Westen über England, Skandinavien bis nach Rußland erstreckt. Die Hanse kann keine Gesetze erlassen und sie hat keine eigene Verfassung. Trotzdem nimmt sie wesentlichen Anteil am Ausbau der Sicherheit. Lediglich den Kontoren sind strenge Statuten zugeteilt, um den Handel und die dazu gewährten Privilegien im Ausland nicht zu gefährden. Die übrige Rechtsauffassung orientiert sich an Treu und Glauben, dem Gewohnheitsrecht und Einzelbeschlüssen der Hansetage, zu deren wichtigsten Aufgaben es zählt, die Freiheiten und die guten Sitten des Handels zu sichern und die Verkehrswege von Räubern freizuhalten. Der Gedanke der Rechtssicherheit trägt auch die wesentlichen Punkte der Verträge, die mit Landesherren, Fürsten, Königen und Kaisern im Namen der Hanse abgeschlossen werden. Sie erlangen dadurch Rechtskraft für jeden beteiligten Kaufmann.

Dortmund, ein Kupferstich von Merian. Die Stadt hat die Führungsposition im Drittel der westfälischen Hansestädte inne.

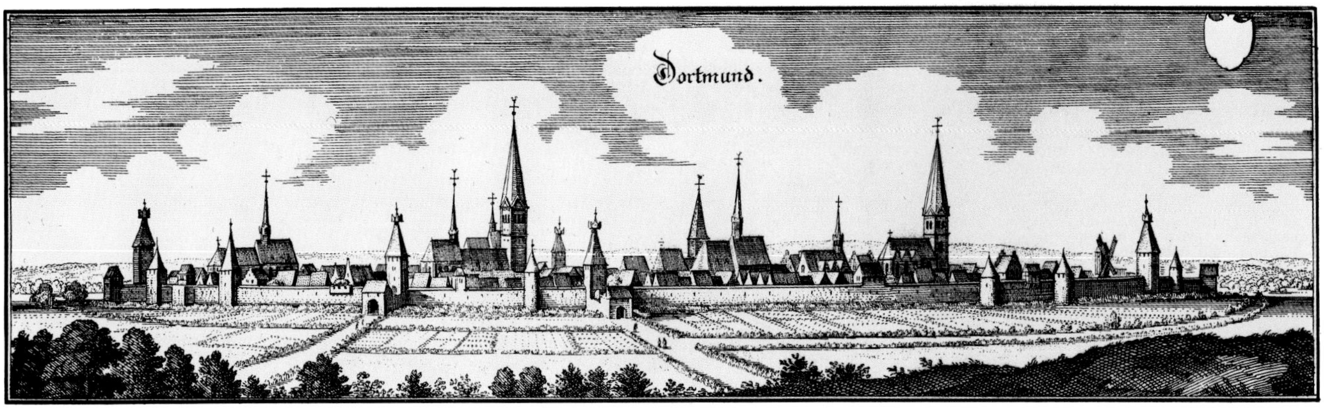

Die Hansetage

Die Geschichte der Hansetage spiegelt die jahrhundertelange Geschichte der Hanse wider. Zwischen dem ersten Hansetag im Jahr 1356 und dem letzten im Juli 1669 – beide finden in Lübeck statt – liegen Kriege und Frieden, der Kampf gegen Seeraub, das Ringen um Sicherheit auf den Straßen und Flüssen, Rechtsunsicherheit, Handelssperren, Willkür von Fürsten und Königen. Die Zahl und die unregelmäßigen Zeitpunkte der Städtetreffen dokumentieren die Zeiten von Krieg, Frieden und Freiheit. Die Hansetage sind das einzige beschließende Organ aller Städte im Kampf um die Freiheit im Handel und ihre Privilegien. Sie zeigen die gemeinsame Stärke und Macht in der konsequenten Durchsetzung ihrer Beschlüsse nach innen, aber auch die Ohnmacht und die Unfähigkeit, den nötigen Konsens zu finden, egoistischen Individualismus zu unterbinden zum Wohle der Gemeinschaft. 72mal treffen sich die Vertreter der Städte, 54mal allein in Lübeck, zehnmal in Stralsund, dreimal in Hamburg, zweimal in Bremen und ein einziges Mal in Köln, Lüneburg und Greifswald.

Zu den Sitzungen ist Erscheinungspflicht angeordnet. Trotz der Androhung von hohen Strafen bei unentschuldigtem Fernbleiben auf den Hansetagen ist die Beteiligung, gemessen an der Mitgliederstärke, gering. Die entscheidende Sitzung im Kölner Rathaus macht da noch eine Ausnahme. Selten erscheinen sonst mehr als 30 Gesandte der Städte. Das Reisen ist beschwerlich und kostenaufwendig, und viele Beschlüsse, die den Nord- und Ostseeraum betreffen, tangieren die Binnenstädte kaum. Viele Städte lassen sich auch durch Nachbarstädte oder den jeweiligen Vorort ihres Drittels vertreten. Im übrigen kann man durch Fernbleiben nicht zuletzt unangenehmen Entscheidungen ausweichen, zumal die Tagesordnung meist vorzeitig bekannt ist.

Die Vertreter der Städte stehen, den Entscheidungen angemessen, in Rang und Würde. Sie gehören zumindest dem Stadtrat an oder sind selbst Bürgermeister. Da viele Bürgermeister aus den Reihen der hansischen Kaufmannschaft stammen, fehlt ihnen auch sicher nicht der Weitblick für die Tragweite der Entscheidungen. Auch die Fürsten selbst lassen es sich nicht nehmen, an einigen Verhandlungen mitzuwirken. Diplomatie und die Fähigkeit, auch Kompromisse zu schließen, sind auf den Hansetagen wohl am meisten gefragt. Bevor schließlich Entscheidungen mit einfacher Stimmenmehrheit getroffen werden, gilt es, den immer gefährdeten Zusammenhalt der Städte zu bewahren, denn Beschlüsse gelten für alle, auch wenn sie oft Nachteile einzelner Mitglieder bedeuten. Die Neigungen, Sonderstellungen und Ausnahmeregelungen im Bund zu ergattern, bestehen zu jeder Zeit. Der Formalismus um die Rangordnung an den Hansetagen ist zeitraubend. Der Streit zwischen Köln und Lübeck um den Vorsitz auf den Tagfahrten ist beispielgebend.

Lübecker Salzspeicher aus dem 16. Jahrhundert an der Trave neben dem Holstentor.

Beschlüsse werden in einem gemeinsamen feierlichen Kommunique, dem hansischen Rezeß, schriftlich festgehalten. Jede Stadt erhält über ihren Verhandlungspartner an Ort und Stelle eine Kopie. Der Rezeß ist für alle gültig und spätere Anfechtungen sind unmöglich. Was in der Kürze der Zeit eines Hansetages von den Ratsendboten, Bürgermeistern und Fürsten entschieden wird, bedarf oft längerer Vorbereitung und muß dann in der Folgezeit in die Tat umgesetzt werden. Um die gegenseitigen landsmannschaftlichen Interessen vorher zu bündeln und die Durchführung der Verträge später umzusetzen, treffen sich über den Hansetag hinaus die Städte in einzelnen Gruppen, je nach ihrer Drittelzugehörigkeit. Sie klären auch die Probleme mit den Landesherren vor Ort oder den Mißbrauch zugesagter Privilegien. So fördern sie auch die nötige Meinungsbildung und leisten die politische Fraktionsarbeit an der Basis.

In der zunehmend differenzierten Wirtschaftswelt der Hanse müssen sich die Hansetage zu einem großen Teil mit Rechtsfragen befassen. Der Umfang der Handelsgeschäfte und des Transportwesens in ihrer Blütezeit birgt auch ein weites Feld von Gefahren und Rechtsunsicherheiten für die Kaufleute und ihr Hab und Gut. Neben dem Raubunwesen auf See, an Stränden, Flüssen und Straßen gilt es, Währungsschwierigkeiten zu überbrücken, Vertragssicherheit für den Handel zu schaffen, die lange Zeit ausgeübte Kollektivhaftung abzuschaffen, das undurchdringliche Zoll- und Steuerwesen einzudämmen. Weiterhin müssen Unsicherheiten und Streitigkeiten zwischen den Städten und ihren Kaufleuten beseitigt, geschlichtet und bestraft werden. Das alles sind erstaunliche Aufgaben, denen sich die Hanse stellt, obwohl es die Pflicht des Reiches und seiner Fürsten wäre und dies in deren Kompetenz läge. Doch Kaiser und Landesherren zeigen Schwäche oder sind mit ihren eigenen Interessen beschäftigt. Obwohl der Hanse die gesetzgeberische Kompetenz fehlt, schafft sie es aber mit dem Einsatz von Diplomatie, Verträge abzuschließen und so die Macht über das ganze Baltikum und den Nordseeraum mit einem Netz von Verträgen und Privilegienabkommen zu überziehen, die den freien Handel vor Gefahren und Beschränkungen bewahren. Wo politischer und wirtschaftlicher Druck oder Diplomatie nicht helfen, scheut man sich auch nicht, mit Geldmitteln nachzuhelfen.

Der Versuch, den verheerenden Strandraub zu beenden, ist dafür ein Beispiel. Viele kleinere und größere Küstenorte leben von den schiffbrüchigen Kaufleuten, die, im Sturm oder durch Irrlichter fehlgeleitet, mit ihrer Ladung auf dem Strand auflaufen und zu allem Unglück dann noch

Das Lübecker Holstentor, Wahrzeichen der Hansestadt, wurde 1466–78 erbaut. Die Architektur verbindet rheinische und niederländische Einflüsse. Mit dreißig Geschützen bestückt, ist es ein Symbol städtischer Macht und bürgerlicher Freiheit.

ausgeraubt werden. Um den Räubern nicht ganz die Existenz zu nehmen, schlägt man ihnen mit Erfolg Ablösesummen für geborgenes Schiffsgut oder die Beteiligung an der Beute vor. Gegen das beliebte Kapern von Schiffen auf See beschließen 1187 schon die Gotlandfahrer den sofortigen Ausschluß von Mitgliedern aus der Genossenschaft, die erbeutete Ware zum Kauf anbieten. Doch im folgenden 14. Jahrhundert feiert die Freibeuterei auf den Meeren geradezu Glanzzeiten. Seefahrer sind rauhe Burschen, und da sie keine feste Anstellung und kein gesichertes Einkommen haben, stoßen sie leicht zu den Freibeutern.

In Banden zusammengeschlossen, bringen sie es zu grausamer Berühmtheit. Die Raubfahrten der „Vitalienbrüder" oder die Geschichten von Klaus Störtebeker sind bis heute lebendig geblieben. Eine besondere Plage ist die Ausnutzung der Piraten zu Kriegszwecken. Städte und Landesherren bedienen sich, ohne sich selbst dabei die Hände schmutzig zu machen, terroristischer Gruppen. In den Reigen der Kaperschiffe geraten auch Kriegsflotten, die sich unterwegs mit Beutezügen ernähren müssen und die Neutralität der hansischen Schiffe mißachten. Trotz

Die Speicherhäuser im alten Hamburger Hafenviertel erinnern an die Backsteingotik der alten Hansestädte.

mancher Rückschläge im Kampf um die Freiheit im Handel erreicht die Hanse doch eine relative Sicherheit für den Verkehr, ohne selbst gesetzgeberisch tätig zu sein. Sie beweist Geschick im Umgang mit Freund und Feind, dem Einsatz geeigneter Mittel und erzielt somit ein Gewohnheitsrecht, das die Grundlage für spätere See- und Handelsrechte werden soll.

Ein unangenehmes Dauerthema auf den Hansetagen bleibt die Verhandlung von Finanzierungsfragen für gemeinsame Vorhaben. Wegen dem bereits erwähnten „Pfundzoll", der zur Bestreitung von Kriegen und Blockaden erbracht werden muß, nehmen die Diskussionen über die Finanzierung von Gesandtschaften einen breiten Rahmen ein. Die Repräsentanten und hohen Diplomaten, die zu Königen und Landesherren reisen und um Privilegien verhandeln müssen, sind oft gezwungen, mit Geldangeboten zu argumentieren. Der Geldmangel reicht in manchen Hansestädten bis an die Schmerzgrenze.

Wenn in normalen Zeiten die Hanse von der Individualität und der Freiheit ihrer Städte im Bündnis großen Nutzen zieht, dann leidet sie in Notzeiten um so mehr darunter. Auf schnelle Aktionen ist sie kaum vor-

Der Roland vor dem Bremer Rathaus. Die 1404 errichtete Kalksteinstatue ist das Sinnbild für städtische Freiheit und Gerichtsgewalt. Roland ist einer der zwölf Helden, die zum engsten Kreis um Karl den Großen gehören. Als sein treuer Gefolgsmann fiel er im Krieg gegen die Heiden.

Das prächtige Haus der Lübecker Schiffergesellschaft. Als Gildelokal hat es auch im Innern sein Aussehen bewahrt. Auf langgestreckten Bänken, die einem Kirchengestühl ähneln, saßen einst die Fahrensleute an Eichentischen zur Mahlzeit.

bereitet. Maßgebliche Beschlüsse trifft nur der Hansetag als gemeinschaftliches Organ. Er läßt sich aber wegen langer Reisezeiten kurzfristig nicht zusammenrufen. Große Kriege bedürfen längerer Vorbereitung des Gegners. Regionalen Konflikten, vor allem durch die ständigen Angriffe machtgieriger Fürsten hervorgerufen, ist sie schlecht gewachsen. Bürgermeister Jordan Pleskow versucht deshalb als Sprecher der Führungsstadt Lübeck mit dem Instrument der „Tohopesate" (zu Haufe sitzen) ein wirksames Mittel für alle zu finden. Bei bevorstehenden Regionalauseinandersetzungen mit den Landesherren soll zunächst die betroffene Stadt ihren direkten Nachbarn um Hilfe bitten und erst im Falle des Mißerfolges die Gemeinschaft aller Mitglieder anrufen. Der Vorschlag wird 1418 zunächst zwar angenommen, bewährt sich in der Praxis jedoch nicht. Köln im Spannungsfeld mehrerer Landesherren lehnt den Beschluß ab.

Köln im Mittelpunkt von Handelsstraßen

Die vielfältigen Handelserfolge Kölns beruhen auch auf seiner idealen Lage im Mittelpunkt eines sternförmigen und weitverzweigten Straßen- und Wegenetzes in alle Himmelsrichtungen. Die Stadt und ihre Umgebung sind bereits seit der römischen Kolonisationszeit mit Fern- und Militärstraßen versorgt, die jetzt dem Handelsverkehr zugute kommen. Der Eigenhandel der Stifte, die ihren weitgestreuten Besitz erreichen und kontrollieren wollen, und die Reisetätigkeit der Landesherren untereinander fördern den Straßenbau. Die erste römische Fernstraße führt von Lyon über Metz, Trier, durch die Eifel, mündet auf der Luxemburger Straße in Köln, zieht sich weiter über Neuss, Xanten nach Nijmwegen und Utrecht. Die Hauptstraße zu den maasländischen Handelszentren beginnt an der Nord-Ost-Ecke des Neumarktes, verläuft über die Aachener Straße Richtung Jülich, Aachen und Maastricht. Die Maas verbindet dann mit Lüttich, Huy, Dinant und Verdun. Über Aachen, Maastricht, Löwen und Brüssel gelangt man auch nach Brabant und über Gent nach Flandern in die Hafenstadt Brügge. Auf der rechtsrheinischen Seite verläuft parallel zum Rhein die Straße von Mainz, durch Taunus und Westerwald bis Köln, setzt sich fort über Duisburg, Wesel, Arnheim bis zur früher noch offenen niederländischen Zuidersee, dem heutigen Ijsselmeer. Nach Nordosten hin sind die Handelsstraße zur Elbe und zur Ostsee gerichtet. Städte wie Dortmund, Münster, Osnabrück und Bremen liegen dazwischen. Die Städte Magdeburg und Frankfurt an der Oder im weiten Osten erreicht man auf dem Weg über Soest durch den Harz, über Goslar und Halberstadt. Südöstlich führt eine Straße durch das Bergische Land nach Siegen, über Marburg in den mitteldeutschen Raum.

Reisen ist im Mittelalter strapaziös, gefährlich, teuer und dauert lang. Zwar schaffen es Kundschafter und Boten, wie aus römischer Zeit schon überliefert ist, bei mehrmaligem Pferdewechsel von Mainz nach Köln in 14 Stunden zu reiten. Normal aber sind Reisezeiten von mehreren Tagen und Wochen. So braucht man von Köln nach Utrecht mindestens fünf Tage, von Köln nach Braunschweig acht Tage. Von dort nach Magdeburg dauert die Reisezeit nochmals zwei Tage. Wenn die Witterungsbedingungen günstig sind und die Steigungen nicht überhand nehmen, gehören 40 Kilometer zum erreichbaren Tagesdurchschnitt.

Die Last- und Zugtiere der Hansezeit sind Maultiere, Ochsen und ab dem 14. Jahrhundert erst das Pferd. Handelsgüter mit zwei bis drei Zent-

Die lavierte Bleistiftzeichnung zeigt einen Warentransport auf der Landstraße um 1780.

nern Gewicht, die nicht zu sperrig sind, werden direkt auf den Rücken der Tiere gepackt. Mit Sack und Pack ziehen die Tiere, in Karawanen geführt, über Land. Schwere Güter werden auf ein- oder zweiachsigen Karren oder Wagen, offen oder mit Planen geschützt, von Ochsen- oder Pferdegespannen gezogen.

Der Zustand der Landstraßen läßt kaum einen Vergleich mit den heutigen Straßen zu. Die normale Hauptstraßenbreite mißt 3,60 Meter, Reichsstraßen sind gut 1 Meter breiter, viele der Nebenstraßen und Saumpfade aber nur 1,50 Meter breit. Schnee und Regen bestimmen das Fortkommen, die Wege sind kaum entwässert. Die von Ochsen und später Pferden gezogenen Karren versinken im Schlamm. Achsen und Räder brechen nach den Regenzeiten in den tief ausgefahrenen Spuren. So gibt es entsprechend der Jahreszeiten und Bodenverhältnisse Winter- und Sommerwege. Waldwege wie die Eifelstrecke von Köln nach Trier schützen im Winter vor Schneeverwehungen und bieten im Sommer Kühle. Umwege und Strapazen werden in Kauf genommen, wenn Zollstationen in Sicht sind, Raubritter die Gegend unsicher machen oder der Stapel umgangen werden soll. Der Zündorfer Hafen in der „Groov" gewinnt so im Mittelalter eine zweifelhafte Bedeutung, weil Schiffe, die den Stapel umgehen wollen, ihre Waren dort ausladen und über den „Mautpfad" an Köln vorbei bis hinter Leverkusen auf dem Landweg befördern.

Der Brückenbau ist noch in den Anfängen. Bei normalem Wasserstand ersetzt die „Furt" fehlende Holz- und Steinbrücken. Bäche und Flüsse sind kaum reguliert. Bei Hochwasser müssen lange Aufenthalte oder große Umwege in Kauf genommen werden.

Im Zuge des Fernhandels, der Entwicklung des Großhandels und der zunehmenden Arbeitsteilung kommt der Frachthandel immer mehr zur Geltung. Besonders im gemischten Verkehr auf Landwegen, Flüssen und Schiffen über weite Strecken sind Warenlieferungen nur unwirtschaftlich von einem Einzigen zu bewältigen. Hinzu kommen die Probleme der Rückfracht, die sich auch immer wieder als organisatorisches Problem herausstellen.

Trotz aller Transportschwierigkeiten scheint die Lieferorganisation für Waren aller Art zu funktionieren. So ist es möglich, Tuchballen aus Flandern über Köln, Frankfurt, Erfurt und Breslau bis nach Thorn nur mit Begleitbriefen zu dirigieren oder Waren, die Kölner Händler in Venedig für den Englandmarkt erstanden haben, auch direkt dorthin zu leiten. Für die Sicherheit solcher Dienstleistungen haben die Schutz- und Geleitbriefe der zahlreichen Territorialherren, deren Straßen befahren werden, hohen Stellenwert. Eine große Bedeutung kommt auch den ungezählten „Wirten" an den strategisch wichtigen Landstraßen und in

Städte, Handelsstraßen und Kontore der Hanse im 14. und 15. Jahrhundert

Wyborg
Ladoga
Åbo
Finnischer Meerbusen
Narva
Nowgorod
Reval
Mälarsee
Peipussee
Ilmensee
Stockholm
Dorpat
Pernau
Fellin
Vänersee
Wolga
Pskow
Söderköping
Wolchow
Moskau
Wolmar
Vättersee
Lemsaal
Visby
Windau
Riga
Kokenhusen
Goldingen
O S T S E E
Kalmar
Polozk
Smolensk
Westl. Dwina
Åhus
Landskrona
Malmö
Neman
Kaunas
Vilnius
Ystad
Rønne
Königsberg
Braunsberg
Rügenwalde
Stolp
Danzig
Köslin
Elbing
Treptow
Kolberg
Cammin
Greifenberg
Greifswald
Anklam
Golnow
Kulm
Stettin
Thorn
Desna
Pripjat
Havelberg
Wisła
Warschau
Berlin
Cölln
Brandenburg
Frankfurt
Kiew
→ Orient
Oder
Dnepr
Halle
Leipzig
Görlitz
Breslau
Dresden
Zittau
Lwow
Krakau
→ Orient
Prag
Dnestr
Košice
Donau
Theiß
Wien
Akkerman
Buda
Hansestadt (Auswahl), entsprechend ihrer Größe
Hansekontor
Hansische Niederlassung
Nichthansische Stadt
Landhandelsstraße
Seehandelsweg
0 100 200 300 km
Plattensee
Drau
Donau
SCHWARZES MEER

den Städten zu, die als Makler, Frachtführer, Pferdewechsler und Herbergsväter fungieren. Ihren Fähigkeiten und ihrem Organisationstalent verdanken die Kauf- und Fuhrleute, daß ihre Waren auch den Empfänger wirklich erreichen.

Das Reisen ist gefährlich. So überliefert uns der Chronist Caesarius von Heisterbach im 13. Jahrhundert treffend, daß ein Kaufmann auf gefährlicher Fahrt nur sicher ist, wenn er einen Handschuh des Kölner Erzbischofs Engelbert von Berg bei sich trägt. Die Zustände auf den Straßen sind abenteuerlich. Raubritter und Wegelagerer lauern an vielen Stellen im Land. Die krassen gesellschaftlichen Gegensätze des feudalen Mittelalters, bittere Armut, von der auch der kleine Landadel betroffen ist, entwurzelte Söldner und Bauern, durch Kriege um Hab und Gut gebracht, bilden den Nährboden für Bettelei und Straßenraub.

Die Hanse und die Seeschiffahrt

Die ganze Entwicklung der Hanse, deren Hauptgewicht auf der Erschließung der Staaten der Ost- und Westsee (Nordsee) liegt, ist eng verknüpft mit Erfolgen und dem Fortschritt in der Seeschiffahrt. Für die Versorgung des Hinterlandes, den Abbau von wichtigen Rohstoffen und die Belieferung der Bewohner mit Handelswaren kommt auch der Binnenschiffahrt eine bedeutende Stellung zu.

Das Symbol der Hansezeit und ihrer Schiffahrt ist die Kogge. In den Stadtwappen und Siegeln Lübecks und der im 12. und 13. Jahrhundert neu gegründeten deutschen Ostseestädte wird sie zum Zeichen einer Handels- und Wirtschaftsmacht.

Am 8. Oktober 1962 entdeckt ein belgischer Saugbaggerfahrer in der Weser bei Bremen das Wrack einer um 1380 gesunkenen Kogge. Von Schiffsexperten und Museumsleuten restauriert und zusammengebaut, ist sie als einer der bedeutendsten Funde aus der Hansezeit im Schiffahrtsmuseum in Bremerhaven zu besichtigen. Sie gibt ein Zeugnis der mittelalterlichen Seeschiffahrt. Mit 23,5 Meter Länge, 7,50 Meter Breite,

Anton Woensams Kupferstich von 1531 präsentiert uns vor dem Stadtbild Kölns – in Höhe Kunibertskirche – den dichten Verkehr auf dem Rhein mit Fähren, großen und kleinen Frachtschiffen.

Schiffe als Symbol der hansischen Schiffahrt zieren immer wieder Wappen und Siegel. Das vierte Siegel der Stadt Lübeck von 1280 zeigt eine Hansekogge mit Steuermann und dem Kaufmann mit erhobener Schwurhand – als Symbol bürgerlich-kaufmännischer Freiheit.

4,10 Meter Höhe an der mittleren Seite und einem Tiefgang von über 2 Metern sind die wichtigsten Maße bestimmt. Das hochbordige Schiff wird von einem einzigen Großsegel angetrieben und das Steuerruder ist seitlich links drehbar eingehängt. Die Kogge hat eine Ladekapazität von 120 bis 140 Tonnen Last und ist für 20 Mann Besatzung ausgerichtet. Die Bordwände sind in Klinkertechnik ausgeführt, denn die Planken überlappen sich dachziegelartig. Zur Charakteristik der Kogge gehören auch der hohe Steven auf der Vorderseite und der Kastellaufbau, der im hinteren Teil des Schiffes aufragt. Die Fähigkeit, große Lasten schnell auf hoher See zu transportieren, macht sie zum bedeutendsten Hanseschiff bis zum 15. Jahrhundert.

Bei günstigen Windverhältnissen erreicht die Kogge Reisegeschwindigkeiten von 15 Seemeilen pro Stunde. Stürme und Wartezeiten in den Häfen lassen aber kaum Rekordfahrten zu. Je nach den Verhältnissen dauert die Seereise zum Beispiel vom norwegischen Bergen nach Lübeck zwischen zehn und 30 Tagen. Die Kogge ist zugleich ein Vielzweckschiff. Sie transportiert nicht nur Waren aller Art, sondern auch Soldaten, und im Kriegsfall zeigt sie in voller Bewaffnung gute Wendigkeit. Während ihre Vorgänger, die flachbödigen Segelboote, die „Schlickrutscher", im frühen Mittelalter ein nur im Schutz der küstennahen Wattenmeere fahren, weniger Ladekapazität besitzen und größere Wetterempfindlichkeit zeigen, kann die Kogge jetzt weitere Strecken über die offene See zurücklegen.

Der ansteigende Schiffsverkehr treibt zwischen 1200 und 1500 auch die Navigationstechnik voran, deren Grundlagen noch heute Gültigkeit besitzen. Die Einführung des Kompaß im 13. Jahrhundert revolutioniert die Fahrt auf See und macht sie sicherer. Die Auswertung des Sternbildes und das Lot, mit dem die unterschiedlichen Wassertiefen ausgemessen und in Seekarten eingezeichnet werden, unterstützen diese Techniken.

Leuchtfeuer auf Kirchtürmen und später auf Leuchttürmen verbes-

Die Kogge vom Siegel der Hansestadt Stralsund aus dem 13. Jahrhundert.

sern zusätzlich die Orientierung. Beim Neubau von Kirchen an der Küste wird bei der Turmhöhe gleich an die Schiffahrt gedacht. So kann man die Turmspitze der Rostocker Petrikirche 50 km weit vom Meer aus erkennen.

Überall an den Küsten werden allmählich auch die Häfen ausgebaut und dem Tiefgang der Kogge angepaßt. Schätzungsweise 1000 Schiffe umfaßt die Handelsflotte der Hanse im 14. und 15. Jahrhundert. Damit kann sie 60 000 Tonnen Last bewegen. Neben der Kogge kommt als hochseetüchtiges Schiff der „Holk" (Ausgehöhlter) zum Einsatz. Aus der ursprünglich frühmittelalterlichen Form des Einbaumes entwickelt man ein Großschiff, das breiter und länger als die Kogge wird, 400 Tonnen Last und 40 Mann Besatzung aufnehmen kann. Dieses zunächst für den Verkehr zwischen England und dem Festland eingesetzte Schiff erobert ab dem 14. Jahrhundert den gesamten Seeraum der Hanse und drängt schließlich die Kogge auch zahlenmäßig zurück. Die Nachfolger von Kogge und Holk werden zunehmend größer. Das wachsende Frachtaufkommen, der Druck auf die Reisezeiten, aber auch militärische Ziele beschleunigen den Schiffsbau im 15. Jahrhundert enorm. Überall in den Ostseestädten entstehen leistungsfähige Werften, die jetzt Großsegler mit bis zu fünf Masten und pro Mast mit mehreren Rahen übereinander bauen. Die Erfindung des Schwarzpulvers bringt auch die Geschütze an Bord von Handelsschiffen. Die Kanonenrohre ragen über die Bordwand und ab 1500 aus den verschließbaren Geschützpforten der Palastaufbauten.

Der erste Schleusenkanalbau Norddeutschlands zwischen Lübeck und Lauenburg, der 1398 fertiggestellt wird, ist eine Direktverbindung zwischen Nord- und Ostsee. Zwar können Seeschiffe diese Route nicht befahren, aber ein wichtiger Durchbruch für den Warenverkehr zwischen Ost und West ist geschaffen. Bedingt durch die Gefahren auf See fahren fast alle Schiffe, inbesondere die mit wertvoller Fracht, im Flottenverband. Die Fahrt in der Kolonne ist zwar zeitraubend und teurer, die

Sicherheit von Mann, Schiff und Fracht gehen aber vor. Die Schiffe sind mit Waffen gegen Kaperer und Seeräuber bestückt. Sie tragen die Flagge ihrer Heimatstadt und führen gesiegelte Schutz- und Privilegienbriefe mit. Die hansische Seefahrt ist nur für die Sommerzeit erlaubt. Der Hansetag von 1403 hat das ausdrücklich festgelegt. Schiffen, die zwischen dem 11.11. und dem 22.2. einen Hafen anlaufen, drohen hohe Strafen und die Beschlagnahme der ganzen Fracht.

Die Heiligenverehrung wird, wie auf dem Bild eines Kölner Meisters von der Ankunft der hl. Ursula um 1450, mit zeitgenössischen Elementen von Stadtbild und Treidelschiffahrt verbunden.

Da die meisten Seehäfen im Schutz der Flußmündungen liegen, haben sie auch besondere Probleme mit der Verschlammung und Versandung. Das Ausbaggern von Hafenbecken und Zufahrten ist mit unzulänglichen Werkzeugen des Mittelalters vergeblicher Aufwand. Seeschiffe müssen wegen ihres Tiefgangs vor der Küste geleichtert werden. Um die hohen Kosten der Hafenunterhaltung zu decken, werden neben den Hafengebühren auch Pfahlgelder erhoben und Strafgelder aus anderen städtischen Bereichen entnommen. Die Bürger müssen unentgeltlich Dienst im Hafen leisten, und in Lübeck ist es Brauch, auch im Erbvertrag den Hafen zu bedenken.

Mit der zunehmenden Besatzung auf den Hanseschiffen entwickelt sich auch eine Rangordnung unter den Seeleuten. Der Schiffer (Schiffsherr) ist in der Regel auch Mitbesitzer des Schiffes. Sein Entgelt besteht nicht in einer festen Entlohnung, sondern in der Beteiligung am Frachtaufkommen, am Verkaufserlös des Transportgutes und dem Verkauf eigener mitgeführter Handelswaren. Um der hohen Verantwortung gerecht zu werden und auch haftbar gemacht werden zu können, muß er Bürger einer Hansestadt sein und eine eigene Familie haben. Ihm untersteht die Mannschaft der Schiffsjungen und Matrosen, die als Steuermann, Koch und Zimmermann ihre qualifizierten Dienste zu verrichten haben und jeweils für eine Reise angeheuert werden. Ihre Heuer bezahlt der Schiffsherr aus den relativ hoch angesetzten Frachtsätzen. So kosten zu Beginn des 15. Jahrhunderts Weizentransporte von der Ostsee bis nach Flandern 48 Prozent vom Warenwert. Roggen bringt auf gleicher Fahrt 68 Prozent. Für Gewürze, Tuche und Wein ist der Frachtsatz zwar nur 10 Prozent, dafür ist der Verkaufserlös um so höher. Ist der Schiffsherr im 13. Jahrhundert noch selbst Kaufmann und Eigner des kompletten Schiffes, so verteilt sich im Hansezeitalter mit der Zunahme der Reisetätigkeit, der

Größe der Schiffe und der Mitnahme von Waren fremder Kaufleute der Kapitaleinsatz für Bau und Betrieb der Schiffe auf mehrere Anteilseigner. Sie schließen sich in Reedereigenossenschaften zusammen, verteilen so Kapitaleinsatz und Risiko über mehrere Schiffe.

Köln und die Rheinschiffahrt

Die Kogge und ihre Nachfolger sind seetüchtig, aber auf Binnengewässern wegen ihres Tiefganges und der eingeschränkten Manövrierfähigkeit kaum einsetzbar. Auf dem Rhein gehören Segelschiffe zum gewohnten Bild. Doch ist der Nutzen von Segeln auf Flüssen mit starken Strömungen nur sehr begrenzt und allenfalls zur leichten Unterstützung im unteren Bereich des Stromes gedacht. In der Bergfahrt dominieren statt dessen Ruder und Treidel. Die Treidelschiffahrt, bei der Gespanne mit einem oder mehreren Pferden die schweren Fahrzeuge in Ufernähe bergan ziehen, besteht über viele Jahrhunderte und hat besonders auch im Kölner Raum noch nach der Einführung der Raddampfer große Tradition. Die „Rhinghalfen" betreiben mit ihren rauhen Gesellen das schwere Geschäft des Treidels. Sie bedienen jeweils feste Rheinabschnitte, ziehen mit bis zu 14 Pferden im Gespann auf den Leinpfaden die schweren Kähne bergan. Die Tiere werden dabei besonders geschunden. Sie müssen meistens zum Strom hin schief laufen und bekommen daher eine Scheuklappe zur Stromseite. Von daher stammt noch die Bezeichnung von der „Schäl Sick" für die rechte Rheinseite.

Die Bergfahrt ist verglichen mit heute eine mühsame und zeitraubende Tour mit vielen Pferdewechseln und Unterbrechungen bei Hochwassern, wenn die „Leinpfade" unpassierbar werden. Die Talfahrt ist der Strömung angepaßt schnell. Sie wird durch Segel noch beschleunigt und damit weitaus wirtschaftlicher. Um den Kosten und Beschwernissen der Bergfahrt zu entgehen, baut man als Schiffstyp auch die sogenannte „Lauertanne", ein einfaches, aus Tannenholz gebautes Boot, das lediglich zum Zwecke der Talfahrt hergestellt und am Zielort wie ein Floß zerlegt wird. Das Holz findet dann als Hausbrand oder am Bau weitere Verwendung. Da die Verkaufserlöse für die transportierte Ware und das Schiff niedriger sind als die Kosten für den Rücktransport, werden Bergfahrten mit den gleichen Schiffen zur Ausnahme.

In der Schiffahrt des Kölner Hansezeitalters spielen „Oberländer" und „Niederländer" die bedeutendste Rolle. Der Stich von Woensam aus dem Jahre 1531 liefert ein anschauliches Bild vom Kölner Hafen und seinen Schiffen. Das abgeschrägte Balkengestell in Höhe der Kirche von St. Martin ist die Grenze, vor der flußaufwärts die Oberländer und flußabwärts die Niederländer festmachen. Der Oberländer ist ein den Stromverhältnissen auf Ober- und Mittelrhein angepaßtes flachgebautes Schiff. Er hat einen trapezförmigen Grundriß und ein gerade zum Vorderschiff abfallendes Deck. Damit kann man wie mit Fähren am Uferstrand landen und die geladenen Fässer fast ebenerdig an Land rollen. Fässer sind die Container des Mittelalters, in denen nicht nur Wein, sondern auch Fisch und viele andere Waren transportiert werden. Oberländer sind bis zu 15 Meter lang, am Heck 6,50 Meter und am Bug 3,50 Meter breit sowie 8 Meter hoch. Die Ladung wird vorwiegend im hinteren Teil des Schiffes gestaut, damit der flache Bug aus dem Wasser herausragt. Der Oberländer wird auf der Talfahrt gerudert und später auch mit Segeln ausgerüstet. Stromaufwärts wird er getreidelt. Die Steuerung er-

Ein Kammerjäger

folgt über ein Senkruder. Der Mastbaum zur Befestigung der Treidellinie und eine Hütte für den Schiffer ragen über die Bordwände hinaus.

Die Niederländer erreichen eine Länge von 25 Meter, 4 Meter Breite und eine Tragfähigkeit von 40 bis 80 Tonnen. Sie werden im unteren Strombereich eingesetzt und im oberen Bereich getreidelt. Charakteristisch für die Schiffe sind das Heckruder und der spitzwinklige, an Bug und Heck herausgezogene Flachboden. Das Heckruder ist im Gegensatz zum Senkruder fest angebracht. Am Ober- und Mittelrhein hat es wegen der gefährlichen und steinigen Untergründe keine Berechtigung. Am Niederrhein erlauben die größere Stromtiefe und die besseren Ausweichmöglichkeiten seinen praktischen Einsatz. Die in Köln als „Aak" bezeichneten Niederländer Schiffe sind auf dem Woensamstich deutlich zu erkennen. Sie transportieren bis ins 19. Jahrhundert Güter bis in die holländischen Häfen.

Auf Landstraßen ist der Kaufmann nie vor Überfällen sicher. Die Binnengewässer dagegen sind schneller zu befahren und sicherer. So versucht jeder Kauf- und Fuhrmann, wenn möglich seine Ladung zu Wasser zu transportieren. Selbst das kleinste Boot trägt mehr Last, als ein einspänniger Karren befördern kann. Beachtliche Ladekapazitäten von 172,5 Tonnen pro Schiff sind aus dem 14. Jahrhundert für die Binnengewässer überliefert. Sie dürfen aber eher die Ausnahme und in der Bergfahrt kaum steuerbar sein, denn die noch gering ausgeprägte Rudertechnik ist den starken Strömungen kaum gewachsen.

Ein Ausschnitt aus dem rechten Flügel des um 1500 von einem niederrheinischen Meister gemalten St. Georgsaltar aus der Pfarrkirche St. Nikolai in Kalkar. Hier wird auch die Schiffahrt verherrlicht. Die Koggen im Hafen von Köln entspringen der Phantasie des Malers, denn die Schiffe werden Köln wegen ihres Tiefgangs kaum erreicht haben.

Modell eines Kölner Oberländer Rheinschiffes, „Aak" genannt.

Die Stadtansicht des Engländers Samuel Prout von 1824 präsentiert den Bayenturm noch als mächtigen Eckpfeiler der alten Hansestadt.

PATRICIUS SIVE SENATOR
Coloniensis

Die Kontore und Handelsländer der Hanse

Köln und sein hansischer Osthandel

Der Peterhof in Nowgorod

Der Handel Kölns mit Skandinavien

Die „Deutsche Brücke“, das Kontor zu Bergen

Der Kölner Englandhandel

Der Stalhof in London

Köln und die Hanse in den Niederlanden

Das Kontor zu Brügge

Lange bevor sich die Hanse als Städtebund konstitutiert, werden ihre Niederlassungen als die tragenden Säulen des Auslandsgeschäfts gegründet. Köln besitzt seine Gildhalle schon in der ersten Hälfte des 12. Jahrhunderts. Kurze Zeit später eröffnet die Gotländische Genossenschaft den Nowgoroder Peterhof. Die erste deutsche Niederlassung in Bergen ist um 1260 bezeugt und Brügge ist seit 1200 Aufenthaltsort des deutschen Fernhandelskaufmanns.

Kontore, wie sie ab dem 16. Jahrhundert erst heißen, sind die Botschaften der Hanse, Unterkunft und Sozialraum der reisenden Kaufleute, Verhandlungsraum, Verkaufsraum und Warenlager. Neben diesen Hauptstützpunkten richtet sich die Hanse weitere Niederlassungen ein, die fast ausschließlich wirtschaftlichen Zwecken dienen. Sie sind den Kontoren weitgehend unterstellt. In den Niederlanden sind es Amsterdam, Antwerpen, Utrecht, Dordrecht, Stavoren und Sluis, auf den britischen Inseln Boston, Hull, Ipswich, Lynn, Newcastle, Yarmouth und York, in Skandinavien Kopenhagen, Malmö, Oslo, Tönsberg und Falsterbo und im Osten Wilna, Kownow, Narwa, Witebsk, Pleskau und Polozk.

Reisen verlangen gute Gesundheit und Durchsetzungsfähigkeit. Die Oberhäupter der Fernhandelsgesellschaften schicken daher vorwiegend ihre Söhne und ihre Faktoren und Angestellten, die unverheiratet sein müssen, in die Niederlassungen. Sie verweilen dort entweder nur für die Zeit ihres Geschäftes oder wohnen ganz im Kontor. Die Kontore liegen nicht nur weit auseinander, sie trennen auch Welten. Der Peterhof im kalten Winter des russischen Nowgorod und die Deutsche Brücke in ebenso rauhem Klima im norwegischen Bergen sind abgeschiedene Endstationen auf der langen Reise der Fernkaufleute. Der Stalhof in London und noch mehr die elegante Kaufmannsstadt Brügge sind Anlaufpunkte und Zwischenstationen von Reisenden aus ganz Europa. Nicht nur das mildere Klima, sondern der Anschluß an den Atlantik- und Mittelmeerhandel, das hochentwickelte burgundisch-niederländische Reich als kaufkräftiges Hinterland und seine reiche Kultur bilden den größten Anziehungspunkt für den Fernhandel in Brügge, dem Venedig des Nordens und der für die Hanse bedeutendsten Niederlassung.

In der kleineren Welt der Kontore gilt eine strenge Satzung. Je rauher das Klima, desto strenger auch die Sitten. Das Wort von den „Kaufmannsklöstern" macht die Runde. Strenge und Disziplin nach innen und außen als oberstes Gebot sollen die Gemeinschaft der Kaufleute zusammenhalten, Betrüger entlarven, Schwache fernhalten und dem Handelspartner ein Gefühl der Sicherheit und Verantwortung vermitteln. Die Beziehungen zum Gastland, die in der Regel in schwierigen Verhandlungen festgelegt sind und jederzeit auf dem Spiel stehen können, sind die wichtigste Voraussetzung für den Handel und die Grundlagen für die strengen Statuten der Kaufmannskontore. Der Umgang mit den Kaufleuten, Behörden und der Verfassung des Gastlandes läßt keine großen Spielräume zu. Das individuelle Geschäftsgebaren des Einzelnen ist der Sicherheit der hansischen Handelsgemeinschaft untergeordnet. Bis auf das Kontor in Brügge besteht daher auch die Pflicht des gemeinsamen Wohnens. Das Kontor ist ein nach innen und außen geschützter Bezirk und mit Ausnahme von dem in Brügge von Mauern und Palisaden umgeben. So demonstriert auch die Gemeinschaft der Kaufleute Macht und Ansehen der Hanse gegenüber der Bevölkerung und den Herrschern des jeweiligen Gastlandes. Die von den Hansekaufleuten jährlich gewählten „Ältermänner" sind die Vorsteher, Richter, Schatzmeister und Repräsentanten der Kontore in den Beziehungen zum Gastland. Der Finanzbedarf für die nötigen Einrichtungen und den Unterhalt der Niederlassung werden durch den „Schoß" gedeckt, eine Steuer, die auf den Warenumsatz im Machtbereich des Kontors erhoben wird.

Scheren- und Messerschleifer

Das Bildnis des Stalhofkaufmanns Georg Gisze aus Danzig. Das Porträt, 1532 von Hans Holbein d. J. gemalt, zeigt einen jungen reichen Kaufmann in seiner Schreibkammer in der Londoner Niederlassung. Alle Utensilien wie Geschäftspapiere, Bücher, Goldwaage, Geldbüchse und Schreibfeder sind sorgsam angeordnet.
Holbein lebt lange Zeit am Stalhof und porträtiert eine Reihe von weiteren Kaufleuten.

Köln und sein hansischer Osthandel

Die Schwerpunkte im Handel der Kölner Kaufleute liegen im Westen, doch die Aktivitäten reichen auch in den Osten. Böhmen und Sachsen sind wichtige Bezugsorte für dort im Bergbau gewonnene Edel- und Buntmetalle. Kölner Kaufleute sind in Breslau, Prag und Krakau anzutreffen. Sächsisches Silber vom Messeplatz in Leipzig, wo Kölner auch ansässig sind, sächsisch-böhmisches Zinn, Kupfer aus Thüringen, so könnte die Reihe der Warenströme aus dem Osten des Reiches beliebig fortgesetzt werden. Wenn sie nicht direkt vor Ort handeln, sind sie an Handelsgesellschaften beteiligt. Von Polen und Rußland und auch aus dem mitteldeutschen Raum ziehen Viehtrecks, die in Wochen und Monaten das Rheinland erreichen und in Köln gehandelt werden. Der Handel mit Polen vollzieht sich vor allem über die guten Beziehungen zu Klöstern wie Leknow, Obra und Land. Die im 12. und 13. Jahrhundert gegründeten Klöster haben fast nur Söhne von Kölner Bürgern aufgenommen, darunter befinden sich viele Namen von Kaufmannsfamilien. Der Bezug von Waren aus dem Ostseeraum läuft neben dem Direkteinkauf vor allem über niederländisch-seeländische Häfen und Städte, aber auch über die Frankfurter Messen. So bringen die Niederländer von ihren Fischzügen in der Ostsee und Nordsee Hering, Stockfisch und Bückling oder Kabeljau mit, die dann in Kampen oder seeländischen Häfen an die Kölner weiterverkauft werden. Kampen ist während der Hansezeit Kölns wichtigster Hafen für den Osthandel.

Der Peterhof in Nowgorod

Nur im Sommer erreichen Kaufleute die Stadt, durch deren Mitte der Wolchow fließt, über die Weiten der Ostsee. In den kalten Wintermonaten steht nur der Landweg über Livland offen. Ziel der hansischen Fernfahrer ist der Peterhof, das Kontor im Marktviertel am rechten Flußufer der Stadt. Die Reisen nach Rußland bedeuten Härte und Entbehrung. Der Aufenthalt im Kontor ist keine Erholung. Die Hansekaufleute ertragen aber ihr asketisches Leben, denn nach der Rückkehr in ihre Heimatstädte haben sie überdurchschnittlich gut verdient oder Schiffs- und Wagenladungen voll Wachs, Teer, Pech, Honig und besonders Felle und Pelze mitgebracht, die auf allen Märkten besonders guten Absatz finden. Die „Schra“, das strenge Kontorsstatut der deutschen Kaufleute auf dem Peterhof, belegt den Handel mit Kölner Waren im 14. Jahrhundert: „Cappelakene de to Colne offte to Acken gemaket syn“. Kölner Münzen aus dem 11. Jahrhundert werden später bei Ausgrabungen in Rußland entdeckt. Kölner Tuche, Seide, Zwirn, Waffen und Eisenwaren, mehr aber noch der Rheinwein, den die russischen Oberschichten in Mengen genießen, finden reichlich Absatz. Wachs und Pelze werden auf der Rückfahrt mit nach Hause genommen. Über den Handelsplatz in Lübeck, der die Ostsee für Kölner Waren erschließt, aber auch über Regensburg und seinen Donauhandel gelangen Kölner Tuche nach Rußland.

Zusammen mit den gotländischen Kaufleuten haben die Deutschen die ersten Kontakte in Nowgorod geknüpft. Im 12. Jahrhundert teilen sie sich mit den Fernhändlern aus Wisby den Gotenhof als Unterkunft. 1206 werden sie dann selbst durch den Fürsten Konstantin zum Handel privilegiert und erwerben, nachdem sie die Gotländer aus dem Geschäft verdrängt haben, eine eigene Niederlassung, den Peterhof. Schon bald blüht der Handel in der reichen Stadt, die zu den größten am Wolchow zählt. Nowgorod wird als einziges russisches Fürstentum vom Mongoleneinfall im 13. Jahrhundert verschont und hat sich zum bedeutenden Stadtstaat mit weitem Hinterlandbesitz entwickelt. Die Hanse versteht es sehr bald, ein Nachfragemonopol für Pelze und ein Angebotsmonopol für Salz und Getreide aufzubauen, was in der Folge zu Mißtrauen und Auseinandersetzungen mit den Einheimischen führt.

Wie eine Festung, von Palisaden umgeben, ist das Quartier der Deutschen geschützt. Das Schutzbedürfnis ist nicht übertrieben, denn die älteste aller Niederlassungen liegt in einer politisch unruhigen Landschaft. Nowgorod hat sich zwar bereits im 12. Jahrhundert seine städtische Autonomie erkämpft, aber zwischen dem fast rechtlos gewordenen Fürstenstand, der Geistlichkeit, dem mächtigen Patriziat und dem bürgerlich vertretenen Stadtregiment gibt es ständig Streiterei. Parlamentarische Auseinandersetzungen werden gewöhnlich mit der Faust ausgetragen und enden in blutigen Straßenschlachten mit anschließender Plünderung. Um den Kampfhandlungen zu entgehen, vor allem aber die wertvollen Handelsgüter vor Dieben und Plünderern zu schützen, sind die Palisaden lebensnotwendig. Im Mittelpunkt des Hofs liegt die 1184 erbaute Kirche St. Peter. Das Gotteshaus dient nicht nur dem Gebet – vor allem ist es als einziger Steinbau des Hofes sicheres und doppelt bewachtes Warenlager und Aufbewahrungsort für die gefährdete Geld- und Schatzkiste der Hansekaufleute.

Die Regierung des Peterhofs obliegt dem von der Kaufmannschaft gewählten „Steven“, dem Ältermann. Aber 1356 wird er auch direkt von Wisby oder Lübeck ernannt. Zu seiner Seite sitzen vier Beisitzer und der

Sitz der Nowgoroder Kaufmannsgilde

Geistliche des Hofes, der auch als Sekretär der Niederlassung fungiert. Zum Verwaltungschef des Kontors wird der „Hofknecht“ bestellt, der als Administrator alle diesbezüglichen Abläufe steuert und die Behördengänge vor Ort vornimmt. Im Gegensatz zum Hofknecht, der für längere Zeit Dienst am Hof tut, ist der Aufenthalt der Kaufleute auf die Dauer der Geschäfte beschränkt und durch die Witterung bestimmt. Noch be-

Das Nowgorfahrergestühl aus der Kirche St. Nikolai, 2. Hälfte des 14. Jahrhunderts. Abgebildet sind russische Pelztierjäger und Wachssammler.

vor die ersten Eisstürme Seen und Flüsse gefrieren lassen und die Ostsee unpassierbar machen, müssen die „Sommerfahrer" Nowgorod mit ihren Schiffen verlassen haben. Dann kommen die „Winterfahrer" mit ihren Wagen und Schlitten auf dem Landweg und beziehen ihr Quartier. Ihre Waren verstauen sie in den Speichern und Verkaufshallen des Peterhofs. Bis zu 200 Kaufleute sind es in der Regel, die Unterkunft in den um die Kirche gelegenen Holzhäusern finden.

Neben Wohnungen, Lagerhäusern und Kaufhäusern, zu denen nur tagsüber die russische Kundschaft Zugang hat, gibt es alles, was zur Selbstversorgung beiträgt: Pfarrhaus, Badehaus, eine Getreidemühle, ein Krankenhaus, eine kleine Brauerei. Selbst an ein Gefängnis ist gedacht. Kaufleute und Dienstpersonal wohnen getrennt. Frauen dürfen den Hof nicht betreten. Vergnügungen wie Trinkgelage und Glücksspiel stehen unter Verbot, und so wundert es nicht, wenn das Klima der streng hierarchisch geführten Männergesellschaft gespannt ist. Zudem haben einheimische Gäste nur tagsüber und unter Aufsicht von Zeugen Zugang zum Kontor. Der geschäftliche Umfang vollzieht sich unter unbeteiligten Zeugen. Ohne diese und einen Dolmetscher, den „Tolk", dürfen Kaufverträge nicht zustande kommen. Der Verstoß gegen die „Schra", die Hof- und Geschäftsordnung, kann neben Geld- und Gefängnisstrafen auch den Ausschluß vom Hof nach sich ziehen, was dem geschäftlichen Aus gleichkommt.

Sprachschwierigkeiten, der Reichtum der Hanse, ihre Handelsmacht und die undurchsichtige Abgeschiedenheit der Deutschen bieten der russischen Konkurrenz und Bevölkerung genügend Anlaß zu Neid und Mißtrauen. Der Zahlungsverkehr ist lange Zeit unterentwickelt. Der Tauschhandel dominiert und bietet Anlaß zu vielen Streitigkeiten. Als im 14. Jahrhundert schließlich die Münzwährung eingeführt ist, sieht man in deutschem Geld auch noch den Grund für die Pest, die Nowgorod inzwischen heimgesucht hat. Trotz der starken Palisaden kommt es zu mehrfachen Übergriffen der Russen, in deren Folge Plünderungen und Brandkatastrophen den Hof zerstören. Für einen Stein des Anstoßes sorgen auch die ständigen militärischen Bedrohungen des Deutschen Ordens, der bereits 1230 Livland einverleibt hat und dessen Ordensritter immer wieder in russische Gebiete eindringen. 1367 verwüsten sie Ples-

kau, die neben Nowgorod wichtigste Stadt des Großfürstentums. Wie immer leidet der freie Handel unter den Auseinandersetzungen.

Gegenseitige Gefangennahmen von deutschen und russischen Kaufleuten, die Beschlagnahme der Waren und jahrelange Haft unschuldiger Handelsreisender und ihrer Mannschaften bestimmen das Verhältnis der Hanse zu ihren östlichen Partnern. Ausfuhrverbote, Boykottmaßnahmen und Überfälle begleiten die Situation und lähmen den Handel, der sich zunehmend Richtung Livland und Finnland entwickelt. Es ist ein Kampf mit hohen Verlusten auf allen Seiten, aber ohne Sieger. Während in Ost- und Nordsee an allen Fronten gekämpft wird und sich viele Städte von ihren Verfassungskonflikten gelähmt sehen, versuchen die livländischen Städte unter dem Protest der führenden Hansemitglieder den russischen Handel an sich zu binden und übernehmen die Macht im Kontor.

Parallel zu den Konflikten der Hanse breitet sich im mongolisch besetzten Rußland die Anarchie unter den Fürsten aus. Die Erben Dschingis Khans sind nicht in der Lage, das Reich zusammenzuhalten. Von Moskau aus beginnt der Aufstieg eines neuen Reiches, das unter Iwan III., genannt der Große, 1471 auch gegen Nowgorod militärisch vorgeht. 1478 wird die Stadtrepublik einverleibt, und als 1497 russische Kaufleute in Livland umgebracht werden, läßt Iwan den Peterhof schließen und die Kontorinsassen für drei Jahre einsperren. Nach ihrer Freilassung kommen alle auf der Heimfahrt in einem schweren Sturm auf See um.

Kirche der Kaufleute aus Nowgorod, Ende 12. Jahrhundert.

Der Handel Kölns mit Skandinavien

Heringsfang, Verpacken und Einsalzen der Heringe in Fässern,
Holzschnitt nach Olaus Magnus.

Weit vor dem Beginn des hansischen Handels mit den Ländern Skandinaviens stehen die Eroberungszüge der Wikinger. Um die Voraussetzungen für ihren bäuerlichen Handel mit Fisch und landwirtschaftlichen Erzeugnissen zu schaffen, ziehen sie in Waffen durch Ost- und Westsee von Frankreich über England, Island, Grönland und den Ostseeraum bis in die Weiten Rußlands. Sie erobern, zerstören und hinterlassen überall Kolonien, vor allem in England, Irland und Grönland, um diese später als Handelsstützpunkte auszubauen. Ihre bevorzugten Ziele sind die küstennahen Städte. Über die Flüsse Weichsel, Oder und den Rhein erreichen sie mit ihren Schiffen auch das weite Hinterland. Köln wird 881 von den Wikingern fast völlig zerstört.

Während ihre Eroberungskraft an der Wende zum 11. Jahrhundert aufhört, nutzen sie jetzt das gewonnene und kolonisierte Terrain für ihren Handel. Mit der Gründung Lübecks und der deutschen Ostkolonisation ändert sich das Bild. An den skandinavischen Küsten liegen reiche Fischgründe. Vor dem dänischen Schonen warten riesige Heringsschwärme auf ihren Fang. Mit Salz aus Lüneburg konserviert, in Tonnen und Kisten verpackt, sind sie bald eines der wichtigsten Handelsgüter. Fisch ist auch im Mittelalter die bevorzugte Fastenspeise der Christen.

Einwanderer aus Lübeck, Niedersachsen und Westfalen besiedeln Dänemark und bauen mit der Hilfe der wendischen Städte die Monopolstellung im Handel auf den Schonenschen Messen auf. Deutsche Einwanderer gehören auch auf dem schwedischen Markt zu den ersten. Sie bringen als Handwerker und Kaufleute wertvolle technische und kaufmännische Kenntnisse ins Land. Mit ihrer Hilfe werden die riesigen Kupfer- und Eisenerzvorkommen erschlossen und zahlreiche Siedlungen und Städte gegründet – wie 1250 Stockholm nach deutschem Vorbild. Auch politisch sind die Deutschen sehr aktiv. Viele Bürgermeisterämter werden von Einwanderern besetzt. Der Stadtrat von Stockholm besteht bis weit ins 15. Jahrhundert aus überwiegend deutschstämmigen Ratsherren.

Schon kurz nach der Gründung Lübecks hat Heinrich der Löwe 1173 durch einen Handelsvertrag mit Knut Eriksson die Wege für den Warenverkehr geebnet. Schweden schafft es zudem – im Gegensatz zu seinen skandinavischen Schwestern – die Deutschen zu integrieren. Zwar stößt die Konkurrenz der Kaufleute und Handwerker aus dem Süden auf den Neid der Einheimischen, die schwedischen Könige richten jedoch ihre Politik auf Integration aus und verhindern durch Gleichstellung von Einheimischen und Deutschen und Vermeidung einseitiger Privilegien einseitige Verhältnisse. In Norwegen dagegen, wo sich eine ähnliche Einwanderungswelle wie in Schweden und Dänemark abspielt, weil der Fischreichtum und die weiten unbesiedelten Flächen deutsche Pioniere angelockt haben, wird die Integration noch große Probleme aufwerfen.

Auch in Skandinavien kommen die Kölner den übrigen Hansen zuvor. Fundstücke rheinischer Keramik aus dem 11. Jahrhundert stellen das unter Beweis. Von dem Chronisten Caesarius von Heisterbach wissen wir, daß zwei Kölner Kaufleute auf ihrer Rückreise von Norwegen einem Stiftskanoniker ein Eisbärfell als Altardecke mitbringen sollen. Eine weitere Quelle der „Sverrissaga" aus dem 12. Jahrhundert berichtet von der Rede des norwegischen Königs vom 13. 4. 1186 in Bergen. Er bedankt sich bei den englischen Kaufleuten für die nützlichen Einfuhren von Weizen, Tuchen, Flachs und Honig. Zugleich verweist er aber die Deutschen des Landes, weil sie den Wein auf ihren Schiffen eingeführt haben, der nun als beliebtes Getränk seine Gefolgsleute zu Trunkenheit und Gewalt verleitet. Wenn auch nur von Deutschen die Rede ist, so kann sicher angenommen werden, daß der Wein von den Kölnern stammt, die im Weinhandel schon früh den Export beherrschen.

Wie der Handel mit dem weiten Osten, so bleibt auch der Skandinavienhandel der Kölner überwiegend indirekt. Der Warenaustausch mit den Ostseeländern verläuft vorwiegend über Städte wie Lübeck und Danzig, wo Niederlassungen und Wirte für die Kölner tätig werden. 1372 beteiligt sich der Kölner Johann de Rode mit 1850 Mark an einer Handelsgesellschaft der lübischen Kaufleute Cordeshagen und Wulfardi. Das Unternehmen ist im Stockholmhandel organisiert. Auch die Kaufmannsfamilien Veckinchusen und Rinck, beide mit Kölner Firmensitz, sind im Skandinavienhandel engagiert. Neben Wein und Tuchen werden vor allem Eisenwaren und Waffen in den Norden geliefert. Spieße, Harnischhemden, Panzerhemden, Messer gehen zu Tausenden an den schwedischen König. Den Import von Tran aus Skandinavien, den die Kölner zum Gerben von Fellen dringend benötigen, betreiben die Niederländer, die sich mit den Kölnern in Flandern oder direkt in Köln über den Kauf einigen. Über Antwerpen, einem wichtigen Handelsplatz für Waren aus dem Ostseeraum, gelangen weitere skandinavische Güter an den Rhein. Wirtschaftskontakte zwischen Kölnern und Skandinaviern ergeben sich auch über den Englandmarkt, wo beide Gruppen schon früh vertreten sind. Die wendischen Städte, die Ende des 12. Jahrhunderts unter der Führung Lübecks den Norwegenhandel beherrschen, liefern vor allem Getreide, Mehl, Malz und Bier in den Norden und nehmen Stockfisch, Butter, Tran und Häute auf der Rückfahrt mit an Bord.

Die Deutschen verstehen ihre Handelsmacht auszubauen und eine monopolartige Stellung vor allem im Getreidehandel zu erwirken. Die norwegischen Bauern haben schließlich im Kampf gegen den Importdruck der „Südmänner", wie sie die Deutschen nennen, und gegen die ausdrückliche Anordnung ihres Königs den Getreideanbau aufgegeben. Die Handelssperre von 1287, die durch den Kaperangriff auf ein lübisches Kaufmannsschiff ausgelöst wird, liefert schließlich die Norweger ganz den Deutschen aus. Ihr Einfluß ist ohnehin groß durch die zahlreichen Handwerker, die besonders aus Westfalen ausgewandert sind. Von den 6000 Einwohnern Bergens um das Jahr 1400 stellen allein die Deutschen 2000, die sich im Jahrhundert zuvor niedergelassen haben. Auf den Schiffen der Hanse und ihrer Vorgänger sind Bäcker, Friseure, Tuchscherer, Schneider und vor allem Schuster in das dünn besiedelte Land im Norden gekommen. Allein Bergen zählt im 14. Jahrhundert 129 deutsche Handwerksbetriebe. Da die Schuster in der Überzahl sind, bezeichnet die einheimische Bevölkerung alle deutschen Handwerker als „Schomaker".

Siegel von Wisby. In der Mitte das „Agnus Dei" als Emblem der Stadt.

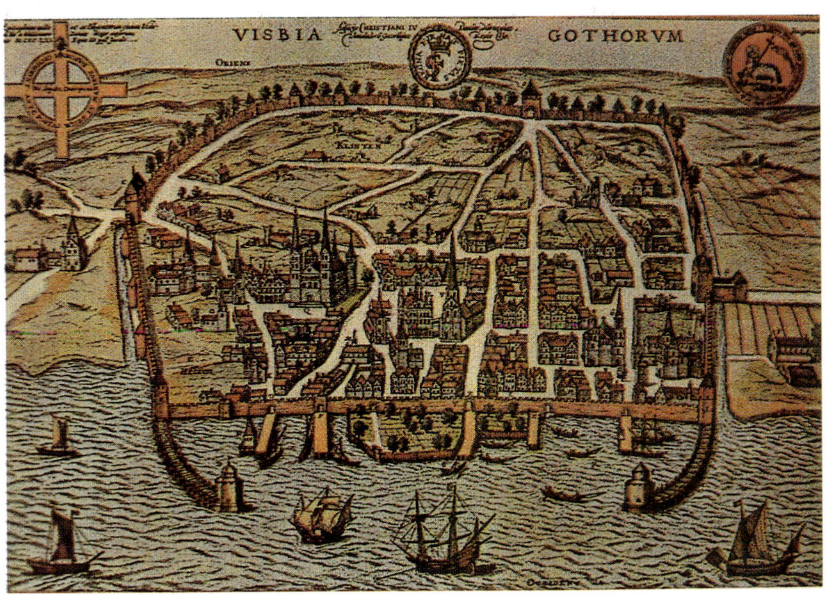

Stadtansicht von Wisby. Kupferstich von G. Braun und F. Hogenberg um 1575.

Die „Deutsche Brücke", das Kontor zur Bergen

Die Bergener Niederlassung bildet sich erst nach dem Handelsboykott gegen Norwegen. Um 1260 ist der „Wintersitz" der Deutschen erstmals bezeugt. Um 1294 kommt es zur eigentlichen Privilegierung des deutschen Handels im südlichen Teil des Landes. 1343 gewährt König Magnus den Hansen Zoll- und Verkehrsfreiheit. Nach der Formierung der Städtehanse beginnt der Norwegenhandel auf breiter Basis. Aus den Wintersitzen geht allmählich das eigene Kontor, die „Tyske Brygge", hervor. Sie besteht zunächst aus einer Anzahl gemieteter Höfe, die im 15. Jahrhundert gekauft werden. Die 18 bis 20 Meter breiten und 100 Meter tiefen Grundstücke liegen direkt am Fjord, wo die Schiffe festmachen. Bis zu 15 Holzhäuser finden auf den Höfen (Gaarden) Platz, deren Namen wie „Finnegaard", „Belgaard" noch heute an die Hansezeit erinnern.

Bis zu 3000 Menschen können in Spitzenzeiten Unterkunft im Kontor finden. Jeder Hof hat Lagerschuppen, Wohnungen, Küchen, Sozialräume und einen Aufenthaltsraum, die „Schötstube". Eine eigene Kirche, Kranken- und Armenhaus ergänzen die notwendigen Einrichtungen. Die Satzung des Kontors von 1388 sieht sechs Ältermänner vor, denen 18 Beisitzer zur Seite stehen. Sie müssen aus einer Stadt lübischen Rechts stammen, denn Lübeck ist Wortführerin in Bergen und bestimmt sogar den Kontorseelsorger selbst. Die Ältermänner wachen wie in anderen Kontoren über die Einhaltung der Kontorsordnung, erheben den

Der Hafen und die „Deutsche Brücke" in Bergen. Photo von 1861.

„Schoß", sitzen zu Gericht über Kaufleute und die „Schomaker", die zeitweilig auch in den Handel miteinbezogen sind.

Wer die lebensbedrohende Fahrt durch das Norwegen vorgelagerte Schärenlabyrinth, die heftigen Nordseestürme und die gefährlichen Nebel hinter sich hat, den erwartet der rauhe Alltag im Kontor. Die langen, dunklen Winter in der nordischen Einsamkeit, der ständige Geruch von Stockfisch und Tran, der die Gehöfte durchzieht, nehmen schnell Besitz von den Neuankömmlingen. Frauen sind wie in Rußland vom Hofleben ausgeschlossen. Die Strenge der Hofordnung zeigt sehr viel Ähnlichkeit mit der am russischen Peterhof. Daneben bestimmen einige feste Bräuche, die eher als hansische Unsitten zu bezeichnen sind, das Leben der Kontorinsassen.

Bergen ist nicht nur Handelsplatz, sondern auch eine Kaderschmiede der Hanse. Junge Leute, darunter Lehrlinge und Kaufmannssöhne unterer Schichten, die ihre kaufmännische Bewährung noch vor sich haben, kommen mit den Schiffen an Land. Wenn sie zu Pfingsten Bergen erreichen, ist ihnen eine erste schwere Bewährungsprobe sicher. Die „Bergener Spiele" gelten als die berüchtigste Aufnahmeprüfung innerhalb der Hanse. Sie sind in ein Frühlingsfest integriert, das mit Umzügen, Trinkgelagen und viel Maiengrün gefeiert wird. Zur allgemeinen Belustigung werden die Neuankömmlinge, wenn die Stimmung angestiegen ist, mehrmals ins kalte Wasser geworfen und mit Birkenreisigen geschlagen, wenn sie sich in ein Boot retten wollen. In „Gerichtsspielen", die anschließend abgehalten werden, erhalten sie Prügelstrafen und müssen danach noch ein Lied vor ihren Richtern singen. Barbarisch ist auch das „Rauchspiel", bei dem die Kandidaten, über einer Feuerstelle mit übelriechenden Stoffen aufgehängt, einem albernen Verhör ausgesetzt werden. Erst 1671 gelingt es den Dänen, das Verbot dieser Spiele durchzusetzen. Wer die derbe Aufnahmeprüfung bestanden hat, kann sicher sein, daß er anschließend auch Lesen, Schreiben und Rechnen lernt und in den kaufmännischen Gebieten unterwiesen wird. Bleibt der Proband in Norwegen nicht hängen, dann bestehen bei der Rückkehr echte Karriereaussichten.

Das Verhältnis zu den Norwegern ist zwar insgesamt nicht ungetrübt, aber durch die langsame Integration der Deutschen und den wachsenden Handelsaustausch flachen die Gegensätze im Zusammenleben allmählich ab. Bezeichnend ist auch die Tatsache, daß das Rathaus von Bergen in der Mitte des Kontorgeländes steht und die Hansekaufleute sich gegenüber ihrem Gastland spendenfreudig zeigen. Das Ende des Kontors zeichnet sich erst 1754 mit der Übernahme durch die Norweger ab.

Das Stadtsiegel von Bergen. Die abgebildete Torburg verweist auf die starke Stadtbefestigung und die Königsburg.

Der Kölner Englandhandel

Der Handel Kölns mit England hat eine lange Tradition. Schon aus römischer Zeit wissen wir, daß Keramikerzeugnisse aus weißem Frechener Ton, vom einfachen Gebrauchsgeschirr bis zu wertvollen Gefäßen, ein Exportschlager sind, der auch in großen Mengen nach England verschifft wird. Der römische Handel von Köln aus ist seit dem 2. Jahrhundert bezeugt. In der frühmittelalterlichen Verehrung der hl. Ursula, der englischen Königstochter, die auf ihrer Reise von London rheinaufwärts auch Köln erreicht, wird die Englandfahrt über Jahrhunderte von Legendenschreibern, Chronisten, Malern und Bildhauern symbolisiert und Köln in aller Welt bekanntgemacht.

Der organisierte Fernhandel der Rheinmetropole nach England beginnt im 10. Jahrhundert. Die Erzbischöfe der Stadt gehören mit zu den geistigen und politischen Wegbereitern. Erzbischof Philipp von Heinsberg reist 1168 gemeinsam mit Heinrich dem Löwen, dem Herzog von Bayern und Sachsen, zum englischen König Heinrich II., um eine stärkere politische Anbindung an das Deutsche Reich zu finden. Der Kölner Erzbischof Heinrich von Molenark holt 1235 die englische Königstochter

Das Bildnis des Kölner Stalhofkaufmanns Derik Born – Temperazeichnung von 1533 – gehört zu der Reihe von Porträts, die Hans Holbein bei seinem Aufenthalt im Londoner Kontor angefertigt hat.

Prinzessin Isabella, die Braut Kaiser Friedrichs II., nach Köln. Der Isabellensaal des Gürzenich erinnert später an die tagelangen Feierlichkeiten und den glänzenden Empfang, den Köln für die Braut veranstaltet.

Von englischer Seite wird den deutschen Kaufleuten zunächst viel Sympathie entgegengebracht. König Ethelred II. heißt im Jahre 1000 die „homines imperatoris“ willkommen und stellt sie unter seinen Schutz. Unter den ersten Fernhändlern sind die Kölner zusammen mit westfälischen und niederrheinischen Städten vertreten. Erst um 1100 sind auch Bremer Kaufleute bezeugt. 1130 genießen die Kölner ein Aufenthaltsrecht und richten sich schon bald darauf eine eigene Niederlassung, die „Gildhalle“, ein, die später als wichtigster Bau des hansischen Stalhofes gilt. Noch ist das gegenseitige Warenangebot bescheiden und im wesentlichen auf heimische Produkte beschränkt. Köln liefert Getreide, Tuche und Wein und bringt Wolle als Rohstoff mit zurück.

Unter Heinrich II. erhalten die Kölner 1157 als „homines et cives Coloniensis“ einen Schutzbrief für ihre Niederlassung, ihre Waren und die Erlaubnis, den Wein auf dem gleichen Markt anbieten zu dürfen, auf dem auch der konkurrierende französische Wein angeboten wird. Ab 1175 gilt für die Kölner freies Handelsrecht im gesamten englischen Königreich. Die Gildhalle wird befreit von allen Abgaben, als Gegenleistung statten die Kölner drei Kreuzfahrerschiffe von Richard Löwenherz voll aus. Richard besucht Köln 1194 drei Tage, nachdem er eine Kreuzfahrt mit anschließender Gefangenschaft überstanden hat. Erzbischof

Die „London Bridge“,
Ansicht aus dem Jahre 1757 von Samuel Scott.

Adolf I. empfängt ihn glanzvoll und läßt ihm die Gunst der Kölner zukommen.

Unter die fast monopolistische Handelswelt der Kölner Englandfahrer mischen sich zu Beginn des 13. Jahrhunderts die Kauffahrer der Ostseestädte, allen voran die aus Lübeck. Sie kommen über Hafenstädte Ostenglands wie Lynn, Boston oder Newcastle auf die Insel, bevor sie London direkt über die Themse mit ihren Schiffen anlaufen. Die Kölner wehren sich nach Kräften gegen die neuen Konkurrenten aus dem Osten. Das bringt ihnen gleich eine Beschwerde bei Kaiser Friedrich II. ein, der das Verhalten Kölns verurteilt und Lübeck 1226 zur Reichsstadt erhebt. 1237 erst gewährt Heinrich III. der Gotländischen Genossenschaft ebenfalls die Rechte auf Schutz- und Zollfreiheiten für ihre Handelsgüter. Die Waren aus dem Ostseeraum, darunter vor allem Pelz, Wachs, Getreide und wichtige Metalle, sind zu begehrt, als daß man darauf verzichten kann. Die vollen Privilegien, die die Kölner genießen, gewährt er ihnen aber erst 1267.

Trotz einheitlicher Handelsrechte für alle Deutschen hören gegenseitige Mißhelligkeiten nicht auf. Erst 1282 kommt es auf Vermittlung der westfälischen Städte, die mit Köln ebenso verbunden sind wie mit der Gotländischen Genossenschaft, zu einer Einigung aller deutschen Kaufmannsgruppen in London. Die „Gildhalle“ geht im Stalhof, der gemeinsamen Niederlassung, auf. Auch nach dem Zusammenschluß behält Köln eine führende Stellung in England. Für eingeräumte Privilegien übernehmen die Kaufleute am Stalhof die Pflicht der Bewachung, Instandhaltung und bewaffneten Verteidigung des „Bishopsgates“ in London. Neben London bereisen die Kölner Hansekaufleute nachweislich ganz England und gelangen sogar bis zum schottischen Aberdeen. 1270 ist Kaufmann Gerard aus Köln vor dem Messegericht von St. Ives geladen. Bücher über Aufenthaltsgenehmigungen des 15. Jahrhunderts zeigen, daß die Kölner in Städten wie Sandwich, York, Plymouth, Gravesand, Colchester, Boston, Southampton und auf der Isle of Wight vertreten sind.

Viele Kaufleute lassen sich vor Ort nieder und erlangen städtisches Bürgerrecht, so wie 1265 Arnold Fritz Thedmar, der „Ältermann“ des

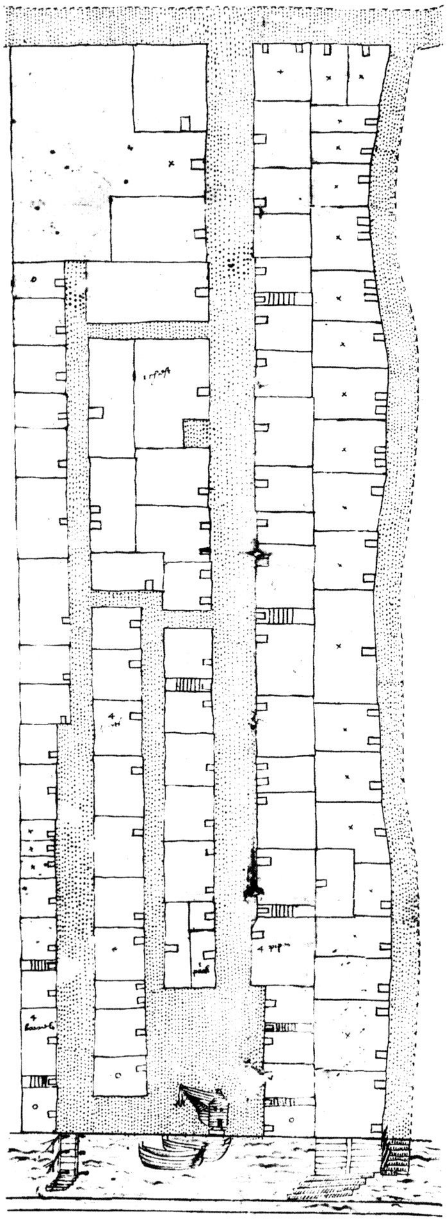

Die einfache Grundrißzeichnung von 1598 verschafft uns ein Bild von den zahlreichen Gebäuden am Londoner Stalhof, unter denen die Gildhalle der Kölner, links oben, durch ihre Größe deutlich hervorsticht. Am unteren Bildrand ist die Anlegestelle mit Kran an der Themse zu erkennen.

Londoner Stalhofs. Er ist Sohn deutscher Einwanderer, seine Mutter stammt aus Köln. Er heiratet in eine der angesehensten Londoner Familien ein und erlangt als Sprecher der bürgerlichen Führungsschicht großen politischen Einfluß am Hofe Heinrichs III. Bis zu seinem Tode 1274 schafft er es, ein beachtliches Vermögen in Geschäften und Häusern anzulegen. Eine weitere Öffnung des englischen Marktes gelingt durch die von Eduard I. Im Jahr 1303 erlassene „carta mercatoria". Sie erlaubt den Kölnern und den anderen Kaufleuten, überall Niederlassungen zu gründen und von jedem beliebigen Ort aus zu handeln. Sie gewährt ihnen Schutz und sicheres Geleit im gesamten Königreich. Für die Regelung der Schuldverhältnisse von Kaufleuten steht ein eigenes Gericht zur Verfügung. Die Maßnahme erscheint nicht ganz uneigennützig, denn im Gegenzug werden die Zölle auf die wichtigsten Ausfuhrgüter, Wolle und Häute, erhöht. Daneben verspricht sich Eduard eine Verbesserung des Handels im ganzen Land, das noch vergleichsweise unterentwickelt ist. Die Zollerhöhung trifft die deutschen Kaufleute nur gering, denn ihr Anteil am Wollexport liegt zur gleichen Zeit nicht einmal bei fünf Prozent. Die englischen Exporteure, die selbst über ein Drittel der Wolle ausführen, sind viel stärker betroffen. Sie opponieren mit Erfolg gegen die Maßnahmen, die die Ausländer, ohnehin schon weit durch ihre Privilegien begünstigt, noch mehr bevorteilen. Eduard II. setzt die „carta mercatoria" zwar kurzzeitig außer Kraft, erneuert sie aber 1311 bis 1317. Unter seinem Sohn Eduard III. (1312–1377) wird sie ab 1334 endgültig festgelegt, aber nur auf die Deutschen beschränkt.

Die Ausfuhrzölle sind für das englische Königshaus von besonderer Bedeutung, denn der Finanzbedarf der Krone ist gigantisch. Der unter Eduard III. beginnende Hundertjährige Krieg zwischen England und Frankreich verschlingt Unsummen, so daß der König geneigt ist, gegen Nachlässe die Zölle auch schon im voraus zu erheben. Die Italiener erweisen sich auch in England als die großen Finanziers des 14. Jahrhunderts. Als es 1339 zum Konkurs eines italienischen Bankhauses kommt, gehört auch die Kölner Handelsgesellschaft von Revele mit zu einer Auffanggesellschaft, die unter der Führung dreier Dortmunder Kaufleute gebildet wird.

Der Dortmunder Kaufmann Tiedemann Lemberg, der auch ab 1371 die Kölner Bürgerrechte erwirbt, führt das Finanzkonsortium an. Lemberg gehört zu den Großen im Geschäft. Er hat Zinngruben in Cornwall, Blei-, Kupfer- und Silberbergwerke in Alston Moore gepachtet und sorgt dafür, daß Köln eines der bedeutendsten Handelszentren für englischen Zinn wird. Er kontrolliert damit fast den gesamten englischen Zinnmarkt. Auf den Frankfurter Messen und an die oberdeutschen Fugger werden große Mengen verkauft. Die Darlehen, die Eduard III. erhält, sind abgesichert gegen neue Ausfuhrlizenzen und die Abtretung sämtlicher Zolleinnahmen aus 15 englischen Häfen. Lemberg übernimmt die Aufsicht über den gesamten Wollexport.

Der Geldbedarf des englischen Königshauses ist so groß, daß selbst die wertvollen Kronen in Pfandverwahrung gegeben werden. Ein Finanzkonsortium von Kölner Patriziern, dem Erzbischof Balduin von Trier und dem Herzog Rainald von Geldern gibt dafür ein Darlehen von über 60000 Gulden. Kölner Patrizier sind aber nicht nur Geldgeber, sie gehören auch zu den engsten Wirtschaftsberatern des englischen Königshofes. So finden wir um 1330 Edmund Birklin als Ratgeber Eduards III., mit dem dieser 1333 sogar einen Feldzug nach Schottland antritt.

Die Zollvergünstigungen, die Eduard III. 1334 den deutschen Hansekaufleuten gewährt, fördern die Entwicklung der englischen Tuchindustrie. Überall im Land – nicht nur im Osten, sondern auch im Westen bis Bristol – werden jetzt fertige Tuche in den unterschiedlichsten Qualitäten gefertigt. Die Engländer haben sich bisher nur auf die Ausfuhr von Rohwolle konzentriert. Bereits 1340 haben sie die Einfuhr flämischer Tuche fast gestoppt. Als die Produktion im 14. Jahrhundert auf dem Höhepunkt steht, gehen die Engländer trotz ungünstiger eigener Ausfuhrbedingungen in den Handel. Die „merchant adventurers", die „wagemutigen Kaufleute", brechen zum Schrecken der Hanse in deren angestammte Märkte ein. Mit neuen Schiffen erreichen sie die niederländisch-friesischen Küsten und suchen auch die Weiten der Ostsee auf. Um 1391 existiert in Danzig bereits eine englische Kaufmannshanse, die sich nach dem Muster deutscher Hanseniederlassungen mit eigenen Häusern konstituiert. Ihre Familien haben die Kaufleute zum Teil mitgenommen. Sehr zum Ärger der Deutschen sind sie ausgerechnet vom Hochmeister des Deutschen Ordens zum Groß- und Einzelhandel in Danzig privilegiert. Sie treten nicht nur als Lieferanten von englischen Tuchen, sondern auch als Käufer von Holz, Kupfer und Getreide im Ordensland auf und beteiligen sich sogar an ordensdeutschen Heidenkriegen. Das Umland Danzigs ist ihnen zwar versperrt, aber über die bedeutende Marktstadt erreichen sie mit ihren Waren ohnehin das ganze Hinterland.

Neben Danzig besuchen sie mit ihren Schiffen auch die Häfen in Stralsund und Elbing. Über die Ostsee erreichen sie Norwegen, Dänemark und Schweden, Bergen, Schonen und den Sund. In den Niederlanden bilden sie eine Kaufmannshanse, wählen seit dem Beginn des 15. Jahrhunderts ein eigenes Oberhaupt und schaffen sich Statuten. Sie

Der Tower zu London, die Burg der englischen Könige. Miniatur aus einer Handschrift.

schauen nicht nur die Organisation der deutschen Hanse ab, sondern bestehen auch überall auf gleichen Rechten und Zollprivilegien.

Der Druck der englischen Kaufleute auf ihr Königshaus gegen die einseitige Privilegierung der Deutschen wird im 14. Jahrhundert immer stärker. Ein Verbot, auf englischen Schiffen Handelswaren der Hanse zu befördern, und der Ausschluß der Engländer auf den Schonenschen Messen erzeugen den Unmut beider Seiten. Kaperangriffe der Engländer auf Hanseschiffe häufen sich jetzt. Ganze Flotten der Hanse werden überfallen und geplündert. Im Gegenzug werden Engländer in den Ostseestädten Preußens gefangengenommen, ihre Waren konfisziert. Verhandlungen zwischen den Städten und England, wie 1407 im niederländischen Haag, wo sich wendische, preußische Städte und Köln mit England auseinandersetzen, führen nur zu kurzfristiger Ruhe.

Die parlamentarische Demokratie ist als zweite Macht auf der Britischen Insel im Kommen. Die Kraft des Parlamentes baut vor allem auf den im Seehandel reich gewordenen Kaufleuten auf. Die königlichen Privilegien verlieren unter ihrem Einfluß an Wirkung. 1423 wird der Stalhof geschlossen, die Hansen drei Jahre lang gefangengesetzt und erst wieder freigelassen, nachdem auch die Danziger Niederlassung der Engländer wieder geöffnet werden darf. Gegenseitige Überfälle von englischen und hansischen Schiffen, Beschlagnahme, Gefangennahme und anschließende Auseinandersetzungen um Schadensersatz am Verhandlungstisch beherrschen die Situation.

Die Unnachgiebigkeit der Hanse in Streitigkeiten, bei denen Köln meistens den unbeteiligten Geschädigten spielen muß, führt zu immer größeren Problemen im Handel. Die lange geübte hansische Verhandlungsstrategie, immer nur aus der Position der Stärke zu argumentieren, beharrlich auf der Einhaltung der Rechte im Ausland zu bestehen, ohne äquivalente Gegenleistungen zu bieten, wird mit zunehmender Stärke ihrer Verhandlungspartner zur größten Schwäche. Ab Juli 1468 muß sie mitansehen, wie ihre Kaufleute – darunter 87 Kölner Handelsherren – am Stalhof für neun Monate arrestiert werden, die Waren in ganz England unter Beschlagnahme fallen, eine aufgebrachte Volksmenge den Stalhof in London stürmt und ein Zerstörungwerk hinterläßt. Die Hanse

Eduard IV. ist von 1461–1483 englischer König und tritt für eine starke Monarchie ein. Während des Deutsch-Englischen Krieges handelt Köln mit ihm Sonderprivilegien aus, was zur „Verhansung" der Stadt führt.

ist zwar an einem empfindlichen Nerv getroffen, für die Kölner sind die Auswirkungen aber katastrophal, denn England gilt neben den Niederlanden im Hanseraum als wichtigster Handelspartner. Köln bestreitet um diese Zeit etwa 25 bis 30 Prozent des gesamten hansischen Tuchexports Englands. Das englische Tuch ist inzwischen zur begehrtesten Sorte in Mitteleuropa geworden und das Kölner Tuchgewerbe ist auf englische Rohstoffe angewiesen.

Der Krieg mit England läßt sich nicht mehr aufhalten. Die Hanse stellt den Handel mit der Britischen Insel ein und verbietet den Verkauf englischer Waren. Derweil verhandelt Köln mit Eduard IV. um seine eigenen Interessen. 1470 wird auf dem Hansetag von Lübeck der Krieg gegen England erklärt, Köln der Ausschluß angedroht. Als Köln nicht bereit ist, in den Krieg einzutreten, und sich statt dessen durch Verhandlungen mit Eduard IV. Sonderprivilegien für die Aufrechterhaltung seines Handels in einer eigenen Sonderhanse verschafft, kommt es zum offenen Krach. Seit 1447 weigert sich Köln zudem, den Schoßzahlungen für die Niederlande nachzukommen. Mit dem Herzog von Burgund, Karl dem Kühnen, verhandeln die Kölner um freies Geleit für einen Transport mit englischen Tuchen und handeln ihm auch noch eine Verurteilung des Kontors in Brügge, in dem sie ohnehin nie eine starke Stellung besessen haben, wegen der fälligen Schoßzahlungen ab. Da ist das Maß voll. Köln fällt am 1.4. 1471 unter die stärkste Bestrafung, die einem Bündnismitglied der Hanse widerfahren kann. Es wird „verhanst", aus dem Bündnis der Städte ausgestoßen. Auch für eine Stadt, die über beachtliche Wirtschaftskraft und Beziehungen weit über den Hanseraum verfügt, erweist sich die Verhansung als ein bedrohliches Druckmittel. Jedem Kaufmann der Hanse aus jeder Stadt, die Hanserecht vertritt, ist es im In- und Ausland nun streng untersagt, einen Handel mit Kölnischen Waren einzugehen, Kaufleute aus Köln zu beherbergen oder mit ihnen eine Gemeinschaft einzugehen.

Während Köln ungeachtet der Hansepolitik von 1469 bis 1474 eine Sonderhanse in London betreibt, den Stalhof allein besetzt hält, sich der Kontorgelder des Archivs und der Siegel allein bemächtigt, tobt auf See ein Hansisch-Englischer Kaperkrieg, der jedem der streitenden Parteien ganze Flotten vernichtet. Die Hanse bleibt in ihrer Haltung hart, denn sie nutzt die inneren Unruhen Englands um die Thronfolge zwischen den Adelshäusern Lancaster und York. Die „merchant adventurers", die in ihrem Handel im Hanseraum während des Kaperkrieges nur Behinderungen erfahren, können nicht allein mit den Kölnern die englische Tuchproduktion und den Export aufrecht erhalten. Die Tuchmacher in ganz England gehen deshalb auf die Barrikaden. So kommt es im Juli 1473 zu Friedensverhandlungen in Utrecht. Die Hansestädte unter der Führung Lübecks verhandeln mit den Gesandten Englands, bis sie im Herbst des gleichen Jahres zu einer ersten Einigung kommen.

Zu den wesentlichen Punkten der Vereinbarungen gehören die gegenseitige Anerkennung der Handelsprivilegien, wie sie vor dem Krieg bestanden haben, die Rückgabe der englischen Niederlassungen an die Hanse und eine Schadensersatzleistung der Engländer für erlittene Verluste. Während England sich an den Vertrag hält, kann Danzigs erbitterter Widerstand gegen die Wiederaufnahme der englischen Kaufleute erst zwei Jahre später gebrochen werden. Der Schadensersatz von 25000 Pfund wird durch die Übereignung der Stalhöfe, die bis dato nur gepachtet sind, um 10000 Pfund gemindert.

Der absolute Verlierer des Utrechter Friedens ist Köln. Die Hanse erringt ihren letzten großen Verhandlungssieg und kann die unter sich zerstrittenen Städte noch einmal zusammenhalten. Die Kaufleute aus der Domstadt müssen ihre Vertreibung aus dem Londoner Stalhof hinnehmen. Das Verhältnis zum englischen Königshaus ist für die Kölner durch die Friedensverhandlungen negativ beeinflußt.

Wappen aus Stein am Stalhof, Skulptur von C. G. Gibber, 1370.

Zur gleichen Zeit dehnt der mit England verwandte burgundische Herzog mit seinen Truppen seine Landesgrenze immer weiter aus. 1474 stehen seine Soldaten vor dem kurkölnischen Neuss. Köln steht allein ohne starken Bündnisgenossen.

Den Kölner Kaufleuten Hermann Rinck und Hermann Wesel gelingt es dann 1476 auf einer Tagfahrt zu Bremen nach schwierigsten Vorverhandlungen, die Wiederaufnahme der Domstadt in der Hanse zu erreichen. Für die Aufnahme ins Bündnis und die zwei Jahre später erfolgende Rückkehr an den Stalhof muß Köln Schadensersatzforderungen nachkommen. Die gesamte Schoßzahlung für das ungeliebte Brügger Kontor wird zudem noch fällig. Die Forderungen gegen Köln von rund 500 Pfund sind gemessen an den Leistungen Englands gegenüber der Hanse eher bescheiden. Auch die Schoßzahlungen, die zusammen mit der Geldstrafe nur rund 3000 Gulden ausmachen, sind eher ein Eintrittsgeld für das reiche Köln. Es zeigt sich damit, daß die Hanse auf die Stärke der Stadt im Bündnis nicht verzichten und die im Utrechter Frieden gewonnene Gemeinsamkeit durch die rheinische Handelsmetropole eher festigen will.

Nach 1474 konzentriert sich der Englandhandel zunehmend auf London. Köln kann nach seiner Aufnahme am Stalhof den Handel mit Wein- und Tuchgeschäften wieder zu voller Blüte bringen.

Die Grabplatte des englischen Kaufmannsehepaares Thomas und Emma Pownder aus Ipswich. Die Messingarbeit aus Flandern, frühes 16. Jahrhundert, stellt einen der „merchant adventurers“ dar.

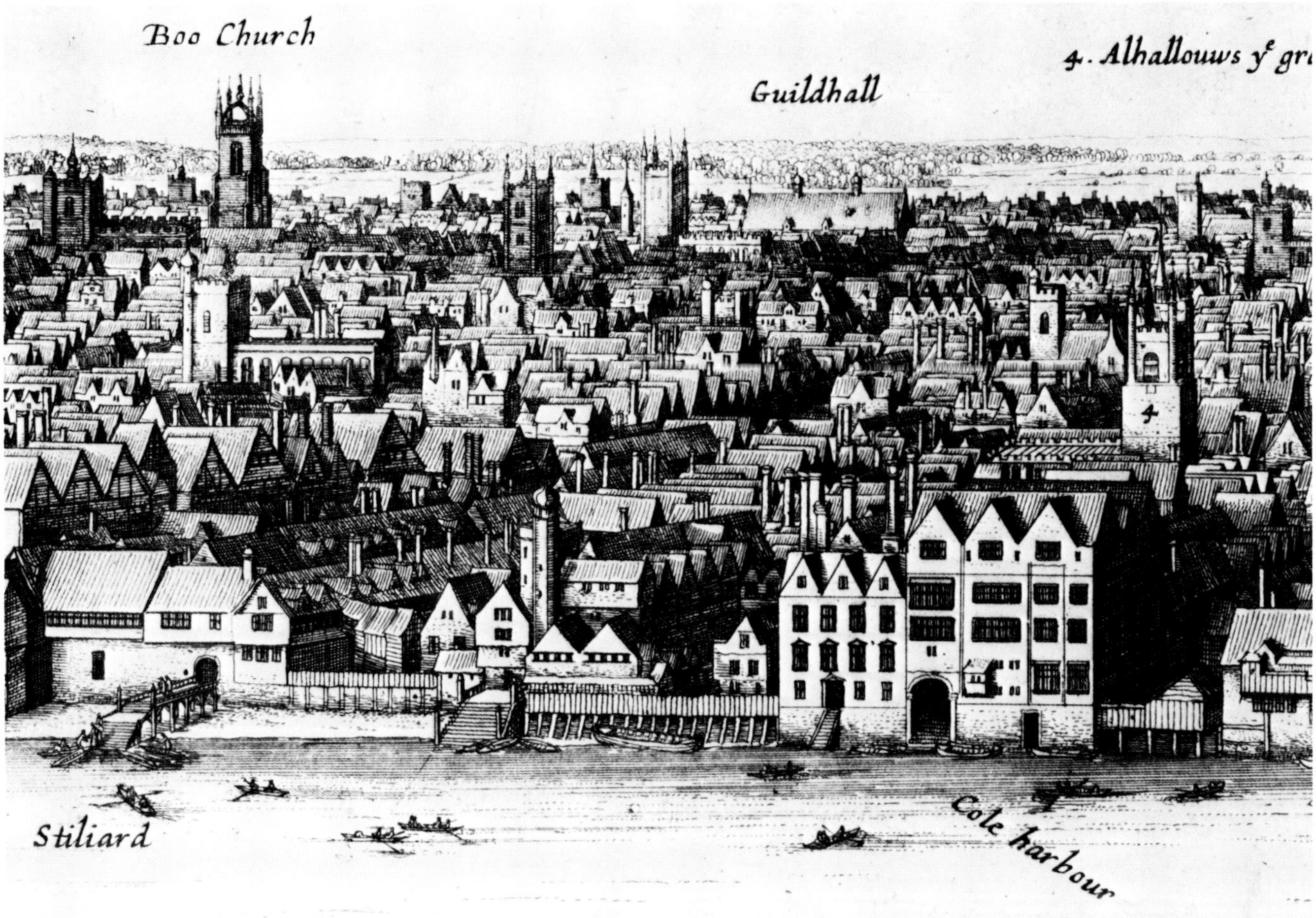

Der Blick auf den Londoner „Stiliard", über die Themse von Southwark aus. Besonders hervorgehoben die „Guildhall" der Kölner.

Der Stalhof in London

Die Gildhalle der Kölner ist für viele Jahre ihre wichtigste Niederlassung im Ausland. Sie ist zugleich die Keimzelle des 1281 nach dem Zusammenschluß der deutschen Kaufleute errichteten Stalhofs. Er liegt am Nordufer der Themse oberhalb der „London Bridge" bei Dowgate.

Der Stalhof, auf englisch „steelyard", hat keine Wortverwandtschaft mit dem Stahl, den die Kölner nach England exportieren. Das Wort stammt von dem niederdeutschen Verb „stalen" ab. Darunter versteht man das Abstempeln der Tuche im Anschluß an eine Qualitätsprüfung, die im Kontor zur Pflicht wird. In ihrer Blütezeit im 14. und 15. Jahrhundert hat die Niederlassung beachtliche Ausmaße erreicht. Eine Mauer umfaßt einen Komplex von 90 verschiedenen Häusern, Hallen, Kammern und Packräumen und einer eigenen Schiffsanlegestelle mit Kran.

Die turmgekrönte Kölner Gildhalle hebt sich von allen anderen Gebäuden des Stalhofs ab und beherbergt einen Festsaal, die Büros der Kontorleitung und die Wohnungen der am Hof beschäftigten Beamten. Die Häuser, Buden und Speicher sind zuerst alle gemietet und werden ab 1474 käuflich erworben. Zur Themse hin erstrecken sich lange Gänge und Gärten. Den Gottesdienst besuchen die Kaufleute in der benachbarten Kirche „All Hallouws the Great", wo für sie ein eigenes Gestühl bereitsteht. Die Beziehungen zur Kirche werden gepflegt, und mit den Kaplänen der Gemeinde findet alljährlich am 4. Dezember auf St. Barbara ein gemeinsamer Gottesdienst mit anschließendem Festessen statt.

Die Hofordnung ist streng, zeigt aber, den unterschiedlichen Interessengruppen gerecht werdende, demokratische Züge. Die Kaufleute sind, ihrer Herkunft entsprechend, in drei Gruppen aufgeteilt. Neben den Kölnern, die mehr als ein Drittel der deutschen Kaufleute stellen und damit die stärkste Gruppe am Stalhof sind, gibt es das westfälisch-sächsisch-wendische und das preußisch-livländisch-gotländische Drittel.

Die Hauptversammlung, der Rat und die Ältermänner sind in den Statuten verankert. Die Hauptversammlung ist die Gemeinschaft aller Kaufleute und wählt am Neujahrsabend je vier Kaufleute aus einem Drittel zum Zwölferrat und aus diesem den Ältermann für die Dauer von drei Jahren. Sie bestellt gleichzeitig den Siegelbewahrer und den Schoßmeister. Sie entlastet den Ältermann und den Schoßmeister bei der Abrechnung und bestimmt die Verwendung des Geldes. Der Finanzbedarf in England ist enorm, denn Privilegien lassen sich die Könige immer wieder bezahlen. Wenn der Schoß nicht reicht, werden Sonderumlagen erhoben.

Haben die Ältermänner in Nowgorod und Bergen eher administrative Tätigkeiten, so liegt gerade im englischen Amt mehr der Akzent auf der diplomatischen Aufgabe. Die Forderungen des englischen Königshofes, dessen Präsenz ständig zu spüren ist, und die zunehmende Kraft der einheimischen Kaufleute, die sich an den Privilegien der Hanse aufreiben, erfordern immer wieder die Position der persönlichen Stärke. Zudem vertritt der Ältermann die Interessen der ansässigen deutschen Hansekaufleute nicht nur in London, sondern auch in allen anderen Städten der Insel, und nach Gründung des Städtebundes auf Weisung des Hansetages auch die gesamte Hanse.

Um seine Machtfülle zu kontrollieren, gibt es zu seiner Vertretung zwei Beisitzer, die nicht aus seinem Drittel stammen dürfen, und zusätzlich einen englischen „Elderman", eine Besonderheit unter allen Kontoren. Der englische König selbst behält sich die Wahl eines einheimischen

Der „Styllyarde". Der Plan aus der Londoner Agas Map von 1560 zeigt die Gildhalle der Kölner im rechten, oberen Bildfeld mit Turm.

„Elderman" auf Vorschlag der Hauptversammlung vor. Das Ehrenamt leiten vorwiegend Londoner Bürgermeister mit dem Auftrag, die Angelegenheiten zwischen den Hansen und den einheimischen Behörden zu vertreten.

Die strengen Statuten des Kontors lassen durchaus einen Vergleich mit denen der norwegischen oder russischen Niederlassung zu. Zusammengehörigkeit und Disziplin bestimmen die Ordnung auf dem Stalhof. Die deutschen Kaufleute sind verpflichtet, bei ihrem Aufenthalt in London im Kontor zu wohnen und ihre Waren dort zu lagern. Wer nur auf Geschäftsbesuch kommt, muß nach 40 Tagen den Stalhof verlassen. Besuche sind nur tagsüber mit Genehmigung des Ältermannes erlaubt. Handelsgesellschaften mit Nichthansen sind verboten. Zahlreiche Gebote und Pflichten wie Ehelosigkeit, Reinlichkeit am Hof und an den Anlegestellen, Verbot von Wucher, unlauterem Wettbewerb, Betrug und Schmuggel und eine strenge Wachordnung bestimmen das asketische Dasein des Kaufmanns.

Bewaffneter Wachdienst am „Bishopsgate" in der Nähe des Stalhofes ist ein Preis für die in London gewährten Handelsprivilegien, den man nur ungern akzeptiert. Derbe Späße wie die „Bergener Spiele" sind undenkbar. Zu fein ist die Umgebung, der König zu nah, zu groß die Gefahren, in Mißkredit und Privilegienverlust zu geraten. So sehr die aufstrebenden englischen Kaufleute die deutsche Konkurrenz um ihren Erfolg beneiden, so sehr weiß die englische Bevölkerung die Dienste der Hansen, den Wein und die qualitativ hochwertigen Waren und Luxusgüter zu schätzen. Die Kontakte und Beziehungen zur englischen Gesellschaft, vor allem zur Geistlichkeit und dem Hochadel, nehmen mit den Jahren zu. Die „Rheinische Weinstube", als gemeinsame Begegnungsstätte des clubfreudigen Englands im Stalhof, erfreut sich großer Beliebtheit.

Bis zur Zeit Heinrichs VIII. kann die Hanse ihre Stellung noch einigermaßen halten. Unter seiner Nachfolgerin Elisabeth I. erwächst ihr aber eine starke Gegnerschaft. Der Königin ist es schon lange ein Dorn im Auge, daß die unter ihrem Schutz stehenden „merchant adventurers" trotz der Abkommen des Utrechter Friedens überall auf Widerstand bei den Deutschen stoßen. Zwar schaffen die Engländer es, trotz hansischer Abwehr in Hamburg 1567 und 1578 in Stade eine Niederlassung zu gründen. Lübeck erwirkt 1582 einen Reichstagsbeschluß, der 1597 in die Tat umgesetzt wird. Alle Engländer müssen Deutschland verlassen. Königin Elisabeth reagiert daraufhin prompt mit der Schließung des Stalhofes im Januar 1598. Der Nachfolger Elisabeths I., König Jakob, gibt zwar das Hansekontor 1606 an die Deutschen zurück, aber der Handel der Hanse ist zu diesem Zeitpunkt schon fast am Boden. Die Tuchhändler Rinck, Sudermann und Brauweiler jedoch sind trotz der starken Konkurrenz der Engländer, die auch den Kölnern zu schaffen macht, weiterhin aktiv im Geschäft. Wein, Waffen, Steingut, darunter „Bartmänner" (Krüge mit der Reliefauflage einer Bartmaske) mit dem Wappen der Königin Elisabeth, extra für den englischen Markt angefertigt, sind weiterhin begehrte Kölner Waren in England.

Köln und die Hanse in den Niederlanden

Die niederländische Städtewelt übt eine große Anziehungskraft auf die Hansekaufleute aus. Für Köln ist sie neben England das bevorzugte Handelsgebiet. Vom Rheinland aus sind die Städte an der Küste und im Hinterland gut erreichbar. Der Rhein, die Maas und die Schelde, ihre zahlreichen Nebenarme und ein schon früh entwickeltes Netz von Nah- und Fernstraßen sind die idealen Voraussetzungen für den Warenverkehr. Ein traditionell leistungsfähiger Schiffsbau der Niederländer fördert die rasche Erschließung ihres Landes für den Handel. Die Kogge ist von ihrem Ursprung her ein flämisches Schiff, das zuerst von den Hansen zum großen Lastschiff weiterentwickelt wird. Die Hafenplätze, vor allem Brügge und Antwerpen, sind die Tore zum Handel mit Süd-, Nord- und Osteuropa.

Die Friesen und Flamen sind schon sehr früh in Kaufmannsgilden zusammengeschlossen. Im 11. Jahrhundert erreichen ihre Schiffe norddeutsche Städte und die Ostsee. Zur gleichen Zeit wie die Kölner treten die Flamen in England als Hansegruppe auf. Die Insel wird für sie wichtigstes Handelsgebiet, denn die Tuchindustrie ist hier noch nicht existent und flandrische Tuche und Textilien sind überall begehrt. Auf dem Rückweg nehmen sie Wolle als Rohstoff für ihre Textilindustrie mit. Sie liefern gleichzeitig Wein, den sie in Köln und im Elsaß gekauft haben, und geraten dadurch in ständige Konkurrenz mit den Kaufleuten aus der Domstadt. Im Tuch- und Weinhandel sind die Flamen auch in Köln erbitterte Konkurrenten. Sie bereisen selbst die großen Weinorte am Oberrhein und die deutschen Messestädte und treiben aktiv Handel mit ihren Waren. Das spätere Kölner Stapelrecht Konrad von Hochstadens soll insbesondere diesen an Köln vorbeilaufenden Handel unterbinden. Die Erzbischöfe sind es, die in ihrem eigenen und im Interesse der Domstadt gegen die flandernfreundliche Politik Kaiser Barbarossas Front machen. Er schätzt die Kaufleute aus dem Westen so sehr, daß er sie nicht nur zum Rheinhandel privilegiert, sondern ihnen sogar eigene Jahrmärkte wie in Duisburg und Aachen für ihre Waren einrichtet.

In Köln besteht im 12. Jahrhundert eine „Genter Hanse". Ebenso rührig sind die Kaufleute aus den Städten an der Maas von Maastricht bis Verdun. Sie reisen mit ihren Saumkarawanen oder per Schiff auch weiter über Köln hinaus in die westfälischen Städte und in den Harz zu den Bergwerken. Tuche, Kupfer, Blei, Zinn, Fett, Speck und Wolle sind die wichtigsten Handelsgüter. Die Maas stellt die Verkehrsverbindung zu den Messen in der Champagne, von denen Mittelmeer- und Orientwaren nach Köln gelangen. Insgesamt ist der Aktivhandel der Kölner in den Niederlanden im 12. Jahrhundert noch sehr gering ausgeprägt. Ihre Handelsbeziehungen sind weitgehend auf Messebesuche beschränkt.

Erst das kommende Jahrhundert bringt die wirtschaftliche Wende. Eine Reihe von Handelsprivilegien und Städteverträgen begünstigt jetzt den raschen Aufschwung. Als es 1252 darum geht, im flandrischen Damme ein hansisches Kontor einzurichten, steht Köln an der Spitze der Kaufmannsgenossenschaften aus dem Westen. Der Plan für die Niederlassung ist zwar von der Gräfin von Flandern genehmigt, er scheitert aber aus nicht bekannten Gründen. Köln zieht sich schließlich aus den Verhandlungen zurück, kann aber ein umfangreiches Bündel an Privilegien für sich selbst aushandeln. Abkommen über Schutz und sicheres Geleit, über Zollvergünstigungen und die Abschaffung der Kollektivhaftung werden zwischen Kölnern und niederländischen Städten geschlossen. Auch der Weg von Köln durch geldrisches Territorium wird gesichert. So leiht 1282 der Kölner Patrizier Daniel Jude, der mit 100 Fässern Wein auf dem Weg nach Antwerpen ist, dem Grafen Rainald von Geldern 300 Mark gegen sicheres Geleit von Duisburg Richtung Antwerpen.

Im Zuge des sich ausweitenden Englandhandels ist Antwerpen einer der wichtigsten Stützpunkte der Kölner. Die Stadt liegt auf der Handelsachse von London über Köln nach Frankfurt, die für den Kölner Handel

Die Tuchhalle mit dem Belfried am Großen Markt in Brügge, die Anfang des 13. Jahrhunderts erbaut wurde. Die achteckige Bekrönung stammt aus dem 15. Jahrhundert.

Brügge: Der 83 Meter hohe Belfried überragt das malerische Stadtbild Brügges mit seinen Brücken und Kanälen.

zur Lebensader wird. Während die Hansestädte ihren Schwerpunkt in Brügge unter der Führungskraft von Lübeck und Hamburg finden, gehen die Kaufleute aus der Domstadt in Antwerpen eigene Wege. Sie bauen Niederlassungen auf und schließen sich mit anderen Kaufleuten in Handelsgesellschaften zusammen. 1282 gründen der Kölner Kaufmann Burh und der Antwerpener Handelsherr von Rupelmonde ein gemeinsames Handelsunternehmen. Die Kölner kaufen und vermieten Häuser im großen Stil, betreiben Herbergsbetriebe und zahlreiche Schankwirtschaften. Ende des 15. Jahrhunderts stellen sie die größte Gruppe unter allen anwesenden Kaufleuten dar. Mit englischen Kauffahrern und Reedern bestehen Fracht- und Schiffahrtsverträge. Aus der Umklammerung kontorartiger Strenge befreit, von Zöllen und Abgaben weitgehend verschont, wirkt Antwerpen wie eine Freihandelszone. Im freien Handel liegt auch der unaufhaltsame Aufstieg der Stadt begründet, denn außer dem Brauereigewerbe, der Zuckerherstellung und einigen Dienstleistungsbetrieben gibt es auch im 16. Jahrhundert keine bedeutenden Gewerbeunternehmen. Der Konflikt zwischen dem einheimischen Gewerbe und dem Fremdhandel, wie er oft in Köln stattfindet, bleibt in Antwerpen ausgeschlossen. Die Aktivitäten sind hier vorwiegend auf das Handelsgeschäft und den Hafen ausgerichtet.

Da die Kölner im Englandgeschäft die besten Ex- und Importbedingungen genießen, können sie besonders den Handel mit Tuchen zwischen den Niederlanden und England geschäftlich ausnutzen. Zudem ist Antwerpen für sie auch ein Bezugsort für Salz. Die Kölner kaufen ganze Schiffsladungen auf und vertreiben sie weit bis nach Oberdeutschland. Für das Kölner Exportgewerbe ist Antwerpen bedeutender Stahlhandelsplatz. Daneben gehören Metallwaren, Kunstgewerbeerzeugnisse aller Art, Fisch, Fleisch und Molkereiprodukte, die Vielfalt der Orientwaren und der Mittelmeerländer zum Vollsortiment, aus dem die Kölner schöpfen können.

Nicht zuletzt durch die Schlacht von Worringen, als die Stadt auf Seiten der Brabanter gekämpft hat, werden die Fundamente für die späteren Geschäfte gelegt. Herzog Johann III. räumt den Kölnern 1315 in einem Handelsbrief alle Privilegien und Vorzüge im Handel ein.

Das Kontor zu Brügge

Kein anderes Kontor zeigt so sehr die Bedeutung und den Glanz, aber auch den beginnenden Niedergang der Hanse. Brügge, die weltoffene Stadt, Zentrum von Kunst und Kultur, ist ein Magnet für Kaufleute und Bankiers aus ganz Europa. Seit die Messen – vor allem in der Champagne – zurückgehen und der Fernhandel festen Niederlassungen für seine Geschäfte den Vorzug gibt, ist Brügge das Zentrum für den niederländischen Handel. Im 14. Jahrhundert zählt die Stadt 15000 Einwohner. Durch die Mündung des Swin ziehen Schiffe aus dem gesamten Atlantik- und Mittelmeerraum ebenso wie aus den Weiten von Ost- und Nordsee. Aus England kommt die Wolle, aus Portugal kommen die Gewürze, aus dem Osten Wachs, Fisch und Pelze und aus Köln Wein- und Getreidelieferungen. Von Bord der Handelsschiffe steigen auch die Geldhändler und Bankiers aus Italien, die Brügge mit ihren Kenntnissen zu einem erstrangigen Geldhandelszentrum machen. Die Sprachverwandtschaft zwischen Flandern und Deutschen schlägt von Anfang an Brükken, die in anderen Kontoren undenkbar sind. So kann das Brügger Kontor die größten Umsätze von allen Niederlassungen der Hanse verzeichnen.

In einer Stadt, die von der Freiheit kaufmännischen Denkens und Handelns lebt, und die von so zahlreichen vornehmen Persönlichkeiten aus Politik, Wirtschaft und der Finanzwelt bevölkert ist, kann auch die Hanse zu keiner Zeit eine Kasernierung ihrer Mitglieder wie in anderen Kontorstädten durchsetzen. Fahren nach Bergen und Nowgorod eher die Faktoren und Kaufmannsgesellen, so treffen sich in Brügge fast ausschließlich die Spitzenkräfte der Fernhändler und Bankhäuser. Sie lassen sich nicht in die Enge und Strenge einer Ummauerung zwingen. In Brügge ist es Tradition, in den zahlreichen „Hostels" der gastfreundlichen Stadt und im nachbarlichen Damme abzusteigen. Die Wirte dieser zum Teil noblen Unterkünfte sind zugleich aktiv im Gästehandel tätig. Sie lagern die Ware, vermitteln Geschäfte und treten selbst als Makler und Vermieter auf.

Das Verhältnis Kölns zu Brügge und dem Hansekontor ist zwiespältig. Die Geschäfte in der Stadt laufen zwar gut, aber eine führende Rolle wie in England kann Köln hier nicht spielen. Die Leitung des Kontors ist vorwiegend den wendischen Städten unter der Leitung Lübecks vorbehalten. Außerdem werfen selbst in der Blütezeit im 14. und 15. Jahrhun-

Das Haus der Osterlinge in Brügge wurde nach 1457 erbaut.

dert Kriege, Blockaden und der Privilegienmißbrauch ihre Schatten auf die Stadt.

In einer Zeit politischer Anspannungen bewährt sich wie in anderen Hansekontoren die Strenge des gemeinschaftlichen Status, der allzeit Ordnung im Leben und Handeln der Kaufleute fordert, Qualitätsmaßstäbe setzt, die Schiffahrtsrechte, den Umgang mit dem Brügger Stapel regelt und unlauteren Wettbewerb verurteilt. Wenn die Wohn- und Geschäftsverhältnisse auch locker behandelt werden, so gibt es doch streng gehaltene Pflichten.

Die Hanse hat zunächst kein eigenes Versammlungshaus. Man trifft sich im Speisesaal des Karmeliterklosters zu allen grundsätzlichen Sitzungen wie der Wahl der Ältermänner. Seit 1347 unterliegen die Hansen

Zunfthäuser am Markt in Brügge.

auch in Brügge der Drittelteilung: das erste Drittel wird von den wendischen, den sächsischen, den brandenburgischen und pommernschen Städten gebildet, das zweite bestimmen die rheinisch-westfälischen und preußischen Städte und das dritte setzt sich aus gotländischen und livländischen Städten zusammen. Alle drei Parteien wählen in der zweiten Woche nach Pfingsten je zwei Ältermänner aus ihrem Drittel und je sechs Beisitzer sowie deren Sekretäre. Nachdem sich 1472 der Niedergang Brügges abzeichnet, sind nur noch insgesamt drei Ältermänner und neun Beisitzer in Amt und Würden.

Altes Handelshaus in Brügge,
Radierung von R. Anheisser (1912).

Individuell ist auch die Kassenführung. Jede Partei hat ihre eigene Kasse und deckt damit alle Ausgaben, soweit sie allein davon betroffen ist. Die Angelegenheiten mit der Stadt regelt jeder für sich. Ab Mitte des 15. Jahrhunderts erst führt man die Kassen zusammen, weil das gotländisch-livländische Drittel unter Finanzsorgen leidet. Der „Schoß" in Höhe von einem Drittel Groschen pro Pfund wird nicht nur in Brügge, sondern im ganzen Land als Umsatzsteuer auf alle Ein- und Ausfuhren erhoben, was zu besonderem Widerwillen einzelner Städte, vor allem Kölns führt. Für alle Fälle und Streitigkeiten, die die hansischen Belange in Flandern betreffen, befindet sich der zuständige Gerichtshof auch in Brügge.

Wie in den anderen Kontoren bestimmen auch hier Strenge und Disziplin die Handhabung der Statuten. Für angekündigte Versammlungen, zu denen auch Begräbnisse von Hansemitgliedern und Trauerfeiern zählen, besteht absolute Erscheinungspflicht bei Strafandrohung. Die „Morgensprache" morgens um elf Uhr und nachmittags zwischen vier und fünf Uhr, im Sommer eine Stunde später, gehört zu den täglichen Versammlungspflichten, die einzuhalten sind. Die Ältermänner halten dann ihre Sprechstunden ab. Nach 1457 finden diese Treffen auf dem heute noch benannten „Osterlingeplatz" statt. Da sich andere Kaufmannsgruppen zu ähnlichen Zeiten auch in der Nähe zusammenfinden, kommt ein geschäftlicher Austausch leicht zustande. Der Warenbesichtigung und dem Abwiegen auf der öffentlich-städtischen Waage folgt der Kaufvertrag. In einer für Brügge typischen Tradition wird das zustandegekommene Geschäft mit dem „Weinkauf" besiegelt. Die Kölner profitieren von diesem Brauch besonders. Sie haben sich im Laufe der Jahre in einem Großteil der Gastronomie eingekauft, besitzen nachweislich im 15. Jahrhundert eine große Zahl von Weinschenken und Wirtshäusern in Brügge. Der Kölner Weinhändler Merle profitiert besonders von der Brügger Gastronomie.

Trotz der Neigung Kölns, sich in zunehmendem Maße Richtung Antwerpen abzusondern, hat Brügge Vorzüge, denen kein Hansekaufmann widerstehen kann. Von hier aus starten die Kölner ihre Reisen nach England oder empfangen von dort Waren und Rohstoffe. Auch der Handel mit den Mittelmeerländern und der Zugang zum Warenangebot des Orients laufen vorwiegend über die Stadt am Swin. Der Großkaufmann Sivert Veckinchusen, der 1408 bis 1418 in Köln seinen Firmensitz hat, betreibt zusammen mit dem Kölner Kaufmann und Ratsherrn Heinrich Slyper bis 1420 die „Venedische Gesellschaft" für den Italienhandel.

Die Anwesenheit der vielen Kaufleute weckt Ideen und schafft eine Nachrichten- und Informationsbörse. Mit den Geschäften am Swin kommt ein mächtiger Geldfluß in Gang, der Brügge zum wichtigsten Finanzplatz Nordeuropas bestimmt. Italienische Bankiers entwickeln das Wechsel- und Kreditgeschäft zur Hochblüte. Unabhängig von den politischen Spannungen ist das Verhältnis zur flämischen Bevölkerung gut. Die Hansekaufleute sind gern gesehene Gäste, die auch am öffentlichen Leben und an Festen und Umzügen lebhaften Anteil nehmen. Wo freiheitliches Denken, Geist und Geld zusammentreffen, bietet sich auch der Nährboden für zahlreiche kulturelle Schöpfungen. Die Malerei und Dichtung dieser Zeit durchdringen mit ihren Meisterwerken das gesamte abendländische Leben.

Wer Erfolg hat, hat auch Konkurrenz. Seeland und Holland, die unter der straffen burgundischen Führung stehen, bauen verstärkt im 15. Jahrhundert ihre Häfen und ihren Handel aus. Die Natur kommt ihnen dabei zu Hilfe. Gegen die zunehmende natürliche Versandung des Swin, der Lebensader von Brügge, führen die Stadtväter einen vergeblichen Kampf. Die Gefahr für die immer größeren Handelsschiffe, auf Grund zu laufen, läßt sich nicht abwenden. Die Schäden, die der Hundertjährige Krieg, der Privilegienmißbrauch der Grafen von Flandern und das Mißtrauen der burgundischen Führung anrichten, führen zur Abwanderung der Hansekaufleute und vieler anderer Handelsreisender aus Brügge.

Die neuen holländischen Städte und Antwerpen bieten bessere und ruhigere Voraussetzungen für den Handel. Als die Kontorleitung erst um 1550 ihren Kaufleuten mit dem Siegel von Brügge nach Antwerpen folgt, ist die Vormachtstellung der Scheldestadt im Handel nicht mehr aufzuhalten. Die Dezentralisierung des Handels in den Niederlanden steht dem hansischen Gedanken der Zentralisierung, der politischen und wirtschaftlichen Steuerung von einem Kontor aus, entgegen. Der Plan der Neueinrichtung eines Kontors in Antwerpen mit der Einführung alter Statuten muß deshalb mißlingen.

1564 entsteht auf einem Gelände von 5000 qm in der Antwerpener Neustadt ein prachtvoller Renaissancebau mit 133 Schlafzimmern, 27 Kellern, 23 Lagerräumen, Speisezimmern, Schlafsälen und Küchen. Ein großer Hof umschließt den stattlichen Bau. Mit diesem letzten Versuch, die Hanse in den Niederlanden noch einmal zusammenzuführen, ergeht die Aufforderung an die deutschen Kaufleute, mit Frau und Kind die Stadt zu verlassen, in einer Hansestadt Wohnsitz zu nehmen und die Geschäfte unverheirateten Faktoren zu überlassen. Wer sich nicht daran halten will, dem droht der Ausschluß von den Hanserechten.

Dr. Heinrich Sudermann, Kölner Patrizier, seit 1556 Syndikus der Hanse, hat entscheidenden Anteil am Bau des neuen Kontors und seiner Statuten. Er lebt selbst von 1566 bis 1577 in Antwerpen und ist bestrebt, mit Hilfe seiner Beziehungen zu Philipp II. den hansischen Gedanken zu erneuern. Doch er erntet einen Proteststurm der Kaufleute. 13 von ihnen nehmen den Ausschluß aus der Hanse an. Den Rest erledigt die Geschichte. Seit 1567 setzt die Krise zwischen den Niederländern und den Spaniern die Konjunktur in Flaute. Als Antwerpen 1576 von den spanischen Truppen geplündert und 1584 belagert und eingenommen wird, ist das Ende des niederländischen Kontors besiegelt. Es kommt zu einer großen Abwanderungswelle aus Antwerpen. Kaufleute aus dem In- und Ausland gehen nach Köln. Die Flucht in die Domstadt zeigt, wie wichtig der Status Kölns auf der Handelsachse zwischen dem Westen und Oberdeutschland ist. Das verlassene und heruntergekommene Antwerpener Kontorhaus wird 1617 nach den Kriegsereignissen zum Schauspielhaus der Jesuiten und 1621 in ein Krankenhaus umgebaut. Der größte Teil des Archivs wird 1593 nach Köln überführt.

Einen Gewinn aus der Krise in Brabant ziehen vor allem die Hafenstädte in den nördlichen Niederlanden im Mündungsgebiet von Rhein und Ijssel. Die Städte Amsterdam, Rotterdam, Middelburg, Utrecht und Dordrecht sind die jetzt wichtigsten Handelsknoten für den kölnisch-niederländischen Handel, Absatzmärkte für die Waren aus Ober- und Mitteldeutschland und Einkaufsorte für Salz und Fisch. Die Beziehungen zu Holland spielen zu Beginn der Hansezeit noch eine kleine Rolle. Erst ab dem 14. und 15. Jahrhundert wird ihr Handel so aktiv, daß er zur wachsenden Bedrohung für die Hanse werden muß. Die Verbindungen zu Köln sind dagegen ausgeprägter. In einer großen Palette unterschiedlichster Fischsorten nimmt der Hering von der Zuidersee und den Südküsten Hollands die erste Stelle ein und ist in Köln besonders begehrt. Bis zu 700 Tonnen reichen die Heringslieferungen einzelner Kaufleute. Dordrecht ist als Hafenplatz für schwere Güter und Schiffe mit großem Tiefgang unentbehrlich. Die Kölner liefern im Austausch Getreide aus der Soester Börde, dem Jülicher Land und Wein vom Mittel- und Oberrhein.

In zunehmendem Maße bereisen die Holländer jetzt selbst aber auch ihre Absatzmärkte und handeln mit Fisch, Milch und Fleischprodukten. Die ersten großen Viehtrecks des 14. Jahrhunderts gehen von Holland aus Richtung Westen. Zu Tausenden ziehen Ochsen, Rinder und Ham-

Das Wappen des Hansekontors zu Brügge, 15. Jahrhundert.

mel Richtung Köln, wo im Herbst die großen Viehmärkte stattfinden. Über die Rheinschiene erreichen die Holländer die wichtigen innerdeutschen Märkte. Ihre Erfahrung im Schiffbau und der rasche Aufbau ihrer Reedereien begünstigen ihre Kauffahrten bis weit in die Ostsee. Dort konkurrieren sie bald auf den angestammten Hansemärkten. Im Schatten des Englisch-Französischen Krieges, von dem Flandern und der Hansehandel besonders in Mitleidenschaft gezogen sind, bauen sie eine eigene starke Tuchindustrie auf und verschaffen sich damit überall den Zugang zu den Marktplätzen der Hanse. Sie fahren jetzt selbst nach England und kaufen Wolle in großen Mengen ein. In der Ostsee verbünden sie sich besonders zum Schrecken der wendischen Städte mit Dänemark und Norwegen, die die Aufweichung des hansischen Handelsmonopols begrüßen. Sie besuchen die Schonenschen Messen ebenso wie Preußen und Livland, wo sie willkommene Abnehmer von Holz, Getreide, Wachs und vielen Waren aus dem Osten werden.

Holland versteht es immer wieder, die großen und kleinen Interessengegensätze innerhalb der Hanse und ihrer Partner zu seinem Vorteil auszunutzen. Unter den Herzögen von Burgund, die im 14. und 15. Jahrhundert die Niederlande zu einem Gesamtterritorium vereinigen, erwächst der Hanse eine starke Gegnerschaft, die schließlich auch zu ihrem Niedergang beiträgt.

Brügge um 1425, Radierung von R. Anheisser (1912).

Der Dreikönigenschrein ist der größte aller mittelalterlichen Reliquienschreine und einer der wertvollsten Kunstschätze Kölns. Er wurde ab 1181 von Nikolaus von Verdun gearbeitet.

Die Kölner Kunst in der Hansezeit

Die Kölner Kunst in der Hansezeit

Die spätgotische Christopherusfigur (um 1500) gehört zu den beliebtesten Kunstexportgütern der Hansezeit.

Die Hansestadt Köln ist das Zentrum mittelalterlicher Kunst im Rheinland und in ganz Deutschland. Die Größe der Stadt und ihre nationalen und internationalen Beziehungen, der Reichtum ihrer Bürger und das „hillige Coellen" sind auch der Nährboden für die Entwicklung einer reichen Kunstszene. Die Aufträge von Kirchen und dem weltlichen Bürgertum erreichen ein Volumen, daß nur ein regelrechter Wirtschaftszweig abdecken kann. Kunst ist folglich ein Gewerbe und in Köln ist es gewerblich organisiert. So gehören Stephan Lochner und seine „Kölner Malerschule" zusammen mit Glasmalern und Holzschnitzern und ihren Zünften der Schildergaffel an, und Buchdrucker wie Koelhoff sind sinnigerweise in der einflußreichen Gaffel der Goldschmiede organisiert. Die Kaufleute der Stadt haben alle Hände voll zu tun, um das Gewerbe ausreichend mit Rohstoffen zu versorgen. Bernstein kommt aus dem Land des Preußischen Ordens, Edelmetalle aus England, den Niederlanden oder den Karpaten, Edelsteine aus dem Orient und den Mittelmeerräumen. Der gefährliche Transport wertvoller Rohstoffe wie der fertigen Werkstücke ist selbst ein abenteuerliches kaufmännisches Kunststück. Auf Schiffen und Lastkarren der Hansen liegen nicht nur Salz, Tuche und Wein, sondern auch wertvolles Frachtgut. Die Erzählungen über geraubte oder versunkene Kunstschätze beflügeln noch heute die Geister.

Die Kunstrichtung entspricht den Einflüssen kirchlichen Denkens. Die überwiegend christlichen Motive, die Hinwendung zu paradiesisch-himmlischer Schönheit und die Idealisierung von Mensch und Landschaft unter dem Zeichen göttlicher Majestät beeinflussen alles künstlerische Schaffen. Im mittelalterlichen Kirchenbau entstehen Gesamtkunstwerke aus Architektur, Malerei, Bildhauerei und Kunstgewerbe. Himmel und Erde sind den natürlichen Farben entzogen. Sie sind golddurchdrungen. Die Hinwendung zu allem Himmlischen weist auf die kommende Erlösung von Drangsalen, Krankheiten und Kriegen des Alltags hin. Die Kostbarkeit der Einzelwerke bezeugt die Dankbarkeit, den Reichtum und den Stolz ihrer Stifter. Sie weist aber auch auf Ablaßkäufe, die Vorausbezahlung paradiesischen Glücks, den Dank für die erfolgreiche oder die Bitte für die zu bestehende Kauffahrt. Im harten politischen Wechselspiel zwischen Kirche und städtischem Bürgertum, zwischen Kaisern, Königen und ihren Vasallen sind Schenkungen und Geschenke nicht allein symbolische Gesten. Selbst der Kirchenschatz oder die kostbare Königskrone sind der harte Preis für erworbene Privilegien, Tauschgut in einer währungszersplitterten Welt und Unterpfand für den über seine Verhältnisse lebenden Potentaten. Die Anerkennung mittelalterlicher Kunst gilt deshalb vor allem den Schaffenden selbst, den Bildschnitzern, Druckern, Malern und Architekten. Das Gesamtwerk der Kölner Kunst zur Zeit der Hanse hier darzustellen, ginge über den Rahmen dieses Buches hinaus. Deshalb sei an wenigen Beispielen heute noch erhaltener Werke die Verbindung zwischen der Kaufmannsstadt und ihren Künstlern erläutert.

Eine der überragenden Persönlichkeiten der Kölner Kunstgeschichte ist Stephan Lochner. Um 1400 wird er in Meersburg am Bodensee geboren und wächst dort unter dem Einfluß der oberreinischen „Bodenseeschule" auf. Über den Weg durch die burgundischen Niederlande, wo er die moderne Malerei studiert, gelangt er in den dreißiger Jahren des 15. Jahrhunderts nach Köln. Mit ihm verbindet sich zugleich die Blütezeit der Kölner Maler, die vorwiegend in der Schildergasse in hellen Ateliers arbeiten. Die Häuser „Zum Karbunkel" und „Zum alten Grin" gehören seit 1444 zu Lochners umfangreichem Immobilienbesitz.

Lochner trifft mit seiner Maltechnik genau die Kunstauffassung seiner geistlichen und weltlichen Auftraggeber. Es ist eine sehr gefühlsbetonte, lyrische Malweise, in der selbst kleinste Ausschmückungen und Details liebevoll wiedergegeben werden. Mit seiner wohl berühmtesten Arbeit, dem Dreikönigsaltar, den er im Auftrag des Kölner Stadtrats 1440 für die Ratskapelle des Rathauses malt, bezieht er auch die zeitgenössischen kölnischen Elemente mit ein. Der im Mittelteil des dreiteiligen Altarbildes thronenden Mutter Gottes mit dem Jesukind erweisen die Schutzpatrone der Stadt, die Hl. Drei Könige, die hl. Ursula mit ihren 11 000 Jungfrauen und der hl. Gereon mit seinen Soldaten stellvertretend für die Kölner Bürger ihre Huldigung. Durchdringendes Gold, die Verwirklichung der idealen Räumlichkeit und Perspektive, die Plastizität der Figuren und der Reichtum der Farben bestimmen die Bilder Lochners und seiner Nachfolger und Schüler.

Die immer wieder hergestellte Beziehung zur wirklichkeitsnahen Stadtlandschaft und ihrer Menschen zeigen auch die zahllosen Bilder ursulinischer Verehrung, die im 15. Jahrhundert ihre Blütezeit erfahren. Die gesamte Bildende Kunst der Stadt befaßt sich mit der „Vita Ursulae". Auffallend häufig finden wir Bilder mit einer Szenerie, die den Rhein, die Schiffahrt, das Hafenleben und die Kirchen der Handelsstadt wiedergibt.

Die zu Anfang des 16. Jahrhunderts aufkommende Renaissancemalerei in Köln befreit die Künstler allmählich aus dem kirchlichen Themen-

Das Gemälde des Renaissancemalers Barthel Bruyn d. J. (um 1580) zeigt den reichen Kölner Bürgermeister und Kaufmann Johann Maess, der vor allem im Blei- und Wechselhandel aktiv war.

Das Bild zeigt den Mittelteil des Dreikönigsaltars von Stephan Lochner. 1440 erteilte ihm der Kölner Stadtrat den Auftrag, das Bild für die Rathauskapelle anzufertigen.

Barthel Bruyn d. Ä., Bildnis Helena und Heinrich Salsburg.

kreis. Barthel Bruyn d. Ä., dessen Atelierräume sich ebenfalls auf der Schildergasse im Hause Lochners befunden haben sollen, ist einer der herausragenden Vertreter dieser Kunstrichtung, die die Elemente italienischer und niederländischer Tradition vereinigt. In der Spätgotik Lochners nur symbolhaft angedeutet, kommen jetzt Themen aus dem bürgerlichen Leben, stattliche Porträts reicher Patrizier und städtischer Obrigkeiten in Mode. Das 1595 auf Eichenholz gemalte Doppelporträt des Patrizierehepaares Salsburg zeigt zwei selbstbewußte Bürger Kölns, deren Leben von christlicher Strenge, Bildung und Reichtum geprägt ist. Kleidung, Schmuck und der prächtige Rosenkranz verweisen auf den hohen Stand des Kölner Textil- und Kunstgewerbes.

Das ausgeprägt religiöse Leben und der immer stärkere Drang nach allem Schriftlichen in Gewerbe und Handel fördert die Entwicklung der Druck- und Buchkunst. Einer der Mitbegründer der Druckkunst in Köln ist der aus Hanau stammende ehemalige Gutenberggehilfe Ulrich Zell. 1464 läßt er sich zur Umgehung des Zunftzwanges in der Artistenfakultät der Universität eintragen und organisiert sich wie alle seine Nachfolger in der Gaffel der Goldschmiede. In seinem Offizin entsteht 1466 das erste in Köln gedruckte Buch, eine Ausgabe des hl. Johannes Chrysostomus über den 50. Psalm. Wie stark sich die Einflüsse und Verbindungen aus dem Handel mit den Niederlanden auch auf die Druckkunst niederschlagen, zeigt 1474 die nach niederländischem Vorbild, mit Kölnbildern illustrierte, gedruckte Weltchronik „Fasciculus Temporum" des Kartäusers Werner Rolevinck. Sie erscheint zudem als erste paginierte Schrift in der Druckerei des Nikolaus Götz. Ein herausragendes Werk ist auch die 1478 erscheinende Kölner Bibel als erste bekannte niederdeutsche und mit Holzschnitten illustrierte Bibelübersetzung.

Schon um 1550 ist Köln die führende Druckerstadt innerhalb der Hanse und ganz Deutschlands. 1475 sind zehn Druckereien auf dem Stadtgebiet beschäftigt. Das „hillige Coellen" ist ein idealer Absatzmarkt für Heiligenbilder, Pilgerzettel und Ablaßbriefe für Tausende von Besuchern, die zu den Reliquien und Kirchen der Stadt pilgern.

Druckereien und Buchhandlungen sind eng beieinander in der Straße „Unter Fettenhennen" in unmittelbarer Nähe der Universität und der Gymnasien angesiedelt. Die Straße ist benannt nach dem Firmenzeichen des Buchdruckers Arnold Birckmann, der sich als Symbol das Bibelwort von der „Henne und ihren Küchlein" (Matthäus 23–37) zunutze gemacht hat.

Titelseite aus der Koelhoffschen Chronik
Holzschnitt von Holbein d. J.

Eine bedeutende Unternehmerpersönlichkeit im graphischen Gewerbe ist Johann Koelhoff. Er stammt aus Lübeck, kommt 1472 nach Köln, hat eine Zeitlang vorher in Venedig gelebt und bringt moderne italienische Schrifttypen mit. Schon bald besitzt er einen ansehnlichen Betrieb in der Judengasse. Sein gleichnamiger Sohn druckt 1499 die vermutlich von einem Dominikaner geschriebene „Cronica van der hilliger Stat van Coellen". Das reich bebilderte Werk überliefert als eine der wichtigsten Chroniken des Mittelalters das Stadtbild von Köln mit seinen Kirchenbauten und dem Leben am Rhein. Koelhoff ist vor allem Unternehmer. Seine Geschäftsbeziehungen und Gesellschaftsverträge mit italienischen und hansischen Kaufleuten tragen ihm große Aufträge ein. Reklameplakate und Lotteriezettel gehören ebenso wie Heiligenlegenden zu seinen zahlreichen Aufträgen, die er nicht allein mit seinem Betrieb bewältigen kann. So wird er wie viele Gewerbetreibende seines Zeitalters zum Verleger, indem er Holz- und Bildschnitzer, Drucker und Buchbinder in Lohnarbeit beschäftigt und sich auf den Verkauf und die Auftragsüberwachung zurückzieht. Es ist zu vermuten, daß Koelhoff wie andere seiner Kollegen für den extensiven Englandhandel Kölns mit Druckerzeugnissen tätig ist.

Zu den bedeutenden Herausgebern des ausgehenden Zeitalters der Hanse gehört der österreichische Publizist Michael von Aitzing, der 1579

Kölner Bürgermeister Pilgrum, um 1580

Porträt des Kölner Bürgermeisters von Heimbach von Barthel Bruyn d. Ä. (1545).

von Antwerpen nach Köln zieht. Er gilt als Erfinder der Zeitung und läßt vier Jahre nach seinem Umzug nach Köln die erste Zeitung unter dem Namen „Relationen" erscheinen. Sie enthält Nachrichten und Anzeigen. Ab 1589 verlegt er auch die zweimal jährlich erscheinenden „Meßrelationen", Nachrichtenblätter für die Frankfurter Frühjahrs- und Herbstmesse.

Ungenannt bleiben an dieser Stelle die großartigen baumeisterlichen Leistungen, die Kirchen, Kaufhäuser und Wohnbauten, und die überragenden Werke der Bildhauer, der rheinischen Schatzkunst, sowie all die geistigen Errungenschaften. Sie erscheinen undenkbar ohne die gewinnbringende Verbindung von Kunst und Kommerz. Reiche Kaufleute stiften und finanzieren Kunstprojekte, und auf den Schiffen der Hanse werden die wichtigen Grundstoffe transportiert. Die Kontore bieten Künstlern Unterkunft – so lebt und arbeitet der berühmte Maler Hans Holbein lange am Stalhof – und unterstützen auf diese Weise die Bildende Kunst.

Vor allem aber ist es der Beziehungsreichtum und Bekanntheitsgrad, den man im „hilligen" und kommerziellen Köln mit der Kunst auslöst. Er bleibt bis in unsere heutigen Tage erhalten.

Literatur

Jörg-Holger Baumgarten / Helmut Buchen, *Kölner Reliquienschreine*, Reihe „Köln entdecken" Band 3, 2. Auflage, Köln 1986

Hartmut Boockmann, *Einführung in die Geschichte des Mittelalters*, München 1978

Hartmut Boockmann, *Die Stadt im späten Mittelalter*, München 1986

Hugo Borger / Franz Günter Zehnder, *Köln. Die Stadt als Kunstwerk. Stadtansichten vom 15.–20. Jahrhundert*, 2. Auflage, Köln 1986

Arno Borst, *Lebensformen im Mittelalter*, Berlin 1973

Karl Bosl / Eberhard Weis, *Die Gesellschaft in Deutschland*, Band 1, München 1976

Hellmuth Günther Dahms, *Deutsche Geschichte im Bild*, Frankfurt a. M. / Berlin 1969

Hellmut Diwald / Karl-Heinz Jürgens, *Lebensbilder Martin Luthers*, Bergisch Gladbach 1982

Philippe Dollinger, *Die Hanse*, Stuttgart 1976

Willehad Paul Eckert, *Köln. Stadt am Rhein zwischen Tradition und Fortschritt*, Köln 1982

Robert Frohn / Arnold Stelzmann, *Illustrierte Geschichte der Stadt Köln*, 10. Auflage, Köln 1984

Horst Fuhrmann, *Einladung ins Mittelalter*, München 1987

Konrad Gatz, *Kauffahrer, Krämer und Handelsherren*, Hannover 1949

Hanse in Europa. Brücken zwischen den Märkten. 12.–17. Jahrhundert, Ausstellung des Kölnischen Stadtmuseums, Köln 1973

Ricarda Huch, *Im alten Reich – Lebensbilder deutscher Städte*, Bremen 1960

Zwei Jahrtausende Kölner Wirtschaft, Köln 1975

Karl Pagel, *Die Hanse*, Braunschweig 1983

Werner Schäfke (Hrsg.), *Der Name der Freiheit 1288–1988, Aspekte Kölner Geschichte von Worringen bis heute*, Handbuch zur Ausstellung des Kölner Stadtmuseums, Köln 1988

Johannes Schildhauer, *Die Hanse, Geschichte und Kultur*, Stuttgart 1984

Die Schlacht bei Worringen. Freiheit für Köln. Eine Residenz für Bonn. Stadtrecht für Düsseldorf, Köln 1988

Alwin Schultz, *Deutsches Leben im 14. und 15. Jahrhundert*, 2. Halbband, Wien 1892

Helmut Signon, *Köln macht Geschichte*, Societäts-Verlag 1977

Rheinischer Verein für Denkmalpflege und Landschaftsschutz (Hrsg.), *Zeugnisse rheinischer Geschichte*, Jahrbuch 1982/83, Neuss 1982

Hans Welters, *Bender / Bützler – Kleine illustrierte Geschichte der Stadt Köln*, 7. Auflage, Köln 1986

Hermann Maria Wollschläger, *Kölner Burgenführer*, Reihe „Köln entdecken" Band 2, 2. Auflage, Köln 1985

Nikolaus Zaske / Rosemarie Zaske, *Kunst in Hansestädten*, Köln 1986

Frank Günter Zehnder, *Sankt Ursula. Legende, Verehrung, Bilderwelt*, 2. Auflage, Köln 1987

Dieter Zimmerling, *Die Hanse. Handelsmacht im Zeichen der Kogge*, Düsseldorf 1984

ANCILLA COLONIENSIS 1577

Bildnachweis

Bayerische Staatsbibliothek, München: 25
Bayerische Staatsgemäldesammlungen,. München: 132
Bibliothèque Nationale, Paris: 29
Bildarchiv Preußischer Kulturbesitz, Berlin: 122
British Museum, London: 139
Helmut Buchen, Köln: 53, 54 oben, 55 rechts
Danmarks Historie, Kopenhagen: 24
Erzbischöfliches Diözesan-Museum, Köln: 80
Fremdenverkehrsamt Stade: 100
Rainer Gaertner DGPh, Bergisch Gladbach: 9, 48, 119, 149, 152/153
Germanisches Nationalmuseum, Nürnberg: 93, 102, 103, 104
Guildhall-Museum, London: 137
Hanseatiske Museum, Bergen: 131
Ipswich Museum and Art Galleries, Ipswich: 138
Kölnisches Stadtmuseum: 41, 47, 58 oben, 59, 60 links, 61 rechts, 63, 64, 65, 66/67, 68, 70/71, 73, 76, 77, 81, 82, 85, 91 rechts, 151, 155 unten, 156
Koniglich Bibliothek, Kopenhagen: 116
Museum für Kunst- und Kulturgeschichte, Lübeck: 147
Nationalmuseet Kopenhagen: 30, 31
Rheinisches Bildarchiv, Köln: 7, 18, 21, 22, 35, 42, 43, 44, 45, 49, 50, 55 links, 62, 72, 74, 83 unten, 84 unten, 91 links, 92, 95, 111, 114, 121, 125, 127 unten, 129 oben, 133, 142, 144, 146, 148, 150, 157–159, Vorsatzpapier
Staatliche Museen Preußischer Kulturbesitz, Kupferstichkabinett, Berlin: 17, 24, 39
Staatsbibliothek Berlin: 86
Verkehrsamt der Stadt Köln: 32, 33, 61 links, 69, 78
Verkehrsamt Lübeck: 109 unten
Verkehrsamt Münster: 101
Vista Point Verlag, Köln: 58 unten
Wallraf-Richartz-Museum, Köln: 154
Jan Wiesemann, Köln: 145
Hermann Maria Wollschläger, Köln: 28, 54 unten, 83 oben, 84 oben, 90, 106, 108, 143

Die Karte auf Seite 88 wurde mit freundlicher Genehmigung des Greven Verlags, Köln, abgedruckt.
Alle übrigen Abbildungen stammen aus dem Verlagsarchiv.

PATRICIA VEL NOBILIS Coloniensis ad Rhenum 1577

Register

ATQVE EMPORIVM TOTIVS EVRO
nomine debeo Fama
ta fama meæ est.
multæ; sed Virginis ora
ego seruo Procis.
bor est insanus Amanti
bella puella Procos.
S. Martini Magni Monasterium.
Domus Senatorum.
Ads. Apostlos.
Cruciferi.
S. Alban.
S. Gertrud.
S. Aperen Closter
S. Columba.
S. Brigida
S. Laurentius.
Ad Minores.
S. Clara.
S. Margareta
Templum SS. Petri et SS. Trium Regum
S. Andreæ
Ad Prædicatores
S. Gereon.
S. Lupus.
Templ. Societatis Jesu.
S. Maximini.
Nieder ländische oder Hollendische Schiff
Templum Sti. Vrbani
Monasterium Sti. Hereberti
DEUTSCH
Die Becker
Die Brewer
Die Bundelmacher
Die Fleischhawer
Die Fischmenger
Die Schneider